中国现象学文库
现象学原典译丛·扎哈维系列

现象学入门

〔丹麦〕丹·扎哈维 著

康维阳 译

创于1897　The Commercial Press

Dan Zahavi

Phenomenology: The Basics

© 2019 Dan Zahavi

© The Commercial Press, Ltd. 2023

The Copyright of the Chinese edition is granted by the Proprietor

本书根据 Routledge 出版社 2019 年版译出

《中国现象学文库》总序

　　自 20 世纪 80 年代以来，现象学在汉语学术界引发了广泛的兴趣，渐成一门显学。1994 年 10 月在南京成立中国现象学专业委员会，此后基本上保持着每年一会一刊的运作节奏。稍后香港的现象学学者们在香港独立成立学会，与设在大陆的中国现象学专业委员会常有友好合作，共同推进汉语现象学哲学事业的发展。

　　中国现象学学者这些年来对域外现象学著作的翻译、对现象学哲学的介绍和研究著述，无论在数量还是在质量上均值得称道，在我国当代西学研究中占据着重要地位。然而，我们也不能不看到，中国的现象学事业才刚刚起步，即便与东亚邻国日本和韩国相比，我们的译介和研究也还差了一大截。又由于缺乏统筹规划，此间出版的翻译和著述成果散见于多家出版社，选题杂乱，不成系统，致使我国现象学翻译和研究事业未显示整体推进的全部效应和影响。

　　有鉴于此，中国现象学专业委员会与香港中文大学现象学与当代哲学资料中心合作，编辑出版《中国现象学文库》丛书。《文库》分为"现象学原典译丛"与"现象学研究丛书"两个系列，前者收译作，包括现象学经典与国外现象学研究著作的汉译；后者收中国学者的现象学著述。《文库》初期以整理旧译和旧作为主，逐步过渡到出版首版作品，希望汉语学术界现象学方面的主要成果能以《文库》统一格式集中推出。

　　我们期待着学界同仁和广大读者的关心和支持，藉《文库》这个园地，共同促进中国的现象学哲学事业的发展。

《中国现象学文库》编委会

2007 年 1 月 26 日

"扎哈维系列"总序

多年来，我欣喜地看到自己的多部著作被译为各国文字。但我从未有如此荣幸见到我的文集被翻译出版。我很高兴商务印书馆愿承担这一工作，也深深地感谢倪梁康教授牵头发起这一浩大工程，感谢所有译者的辛勤付出。

这些著作囊括了多达 25 年的工作，从我于 1992 年开始撰写的博士论文《胡塞尔与超越论交互主体性》（*Husserl und die transzendentale Intersubjektivität*）直至 2019 年的简短导论《现象学入门》（*Phenomenology: The Basics*）。作为一个整体，这些著作涵盖我一直以来所致力于探究的各类主题和论题。

在博士论文中我指出，胡塞尔如此关注于交互主体性的原因之一是他对于下述先验问题的兴趣：某样事物是真的，这意味着什么，我们如何才能如此这般地体验到它。对于胡塞尔而言，对这些问题的回答需要我们转向先验交互主体性。我也探讨了萨特、梅洛-庞蒂和海德格尔对交互主体性的现象学理论所做出的贡献，并且突出展示了它们所具有的共同特点和优点——相比于在哈贝马斯和阿佩尔的工作中展开的语言进路而言。对交互主体性的聚焦一直都是我的核心关切。我始终思考着社会性和社会认知的问题。我在这部论著中支持对于同感的现象学解读，赞同交互主体间理解的身体性和语境性特征，并且批评在所谓的"心灵理论"论争中占主导的立场，即模拟理论和理论-理论。

我的教授资格论文《自身觉知与他异性》(*Self-awareness and Alterity*)聚焦于反思与前反思自身觉知的关系。常有学者批评胡塞尔把自身觉知看作一种反思性的主客关系。同时，胡塞尔也时而被解读为素朴在场形而上学的拥护者，即把主体性看作纯粹自足的自身呈现，毫无任何不在场、外在性和他异性。《自身觉知与他异性》一书试图表明，胡塞尔与萨特一样接受前反思自身意识的存在。通过对胡塞尔内时间意识的新颖解读，我指出，胡塞尔认为自身觉知刻画了体验维度本身——无论我们意识到或忙碌于怎样的世内存在物。此外，正如标题所示，这本书也试图表明，胡塞尔并不是在场形而上学家，而是他异性思想家，许多为后来的现象学家所发展的思想早已出现在胡塞尔的思考中。通过梅洛-庞蒂、萨特、亨利和德里达的著作，我进一步展示出自身觉知这一概念如何在现象学哲学中起到关键和奠基性的作用。现象学不仅关心意向性，关心意识如何关涉对象的显现，它也不得不面对意识的自身显现问题。自《自身觉知与他异性》这一著作起，我始终努力探究体验、自身和自身觉知三者间的关系。我指出了所有这些概念都相互依赖，并且体验的第一人称或主体特性使得我们可以把一种最小限度的自身性样式归于体验生命本身。

时至今日，我已在自身和他者问题上探索了几十载。2005年出版的《主体性与自身性》(*Subjectivity and Selfhood*)一书展示了我对于自身性问题的核心看法，2014年出版的《自我与他人》(*Self and Other*)则汇集与综合了我对主体性以及交互主体性的双重兴趣。我的研究背景在于经典现象学,但我一直都相信,现象学亟须参与到与其他哲学立场和经验学科之间的对话中去。恰是通过受到普遍关注的富有争议的论题,通过对峙、批判以及向其他进路取经,现象学才能够展示出它的生命力以及与当代的关联性。这一态度贯穿了这两部著作。它们一方面仍然坚定扎根于现象学,同时也广泛参与到与分析哲学和认知科学的讨论中。

使得现象学、心灵哲学与认知科学得以互通的志趣,以及希求对话能使各方受益并带来相互的启迪,这是我与肖·加拉格尔(Shaun Gallagher)一起撰写《现象学的心灵》(*The Phenomenological Mind*)一书的缘由。这本书现在已经出了第三版,它从 90 年代日益广泛传播的现象学自然化呼召中得到了部分的启发。这一自然化究竟可能意味着什么,这本身是一个富有争议的话题,但在《现象学的心灵》一书中,我们仅仅把它理解为下述提议,即让现象学参与到与经验科学的交互中。现象学已经提供了对感知、想象、身体觉知、社会认知、自身体验、时间性等问题的具体分析,并且它并不只给出对那些既定解释对象的精细描述。同时,它也提供了能够挑战现有模型的理论,后者甚而能够导向对相当不同的论题的探索。现象学研究那些同样能以经验方式被考察的现象,因此它应当对下述可能保持开放,即经验发现可以推进或挑战现象学的分析。经验研究者们可能不会过多关心深层的哲学问题,但他们常常比一般的扶手椅哲学家更关注现象的丰富性和复杂性。

在对自身和他者进行系统性研究并努力推动现象学、分析的心灵哲学以及诸如精神病学、发展心理学、认知科学和人类学等经验学科的对话的同时,我也一直持续撰写着哲学史相关的议题,尤其是胡塞尔的著作。我批评了那些在我看来过于简化胡塞尔思想的解读，它们把胡塞尔描绘为一位唯我论者和主观唯心论者。我则强调了胡塞尔现象学与其后现象学家的工作之间的连续性，尤其是与梅洛-庞蒂。除了广泛地分析胡塞尔关于交互主体性和自身意识及时间意识的研究，我尤其关心胡塞尔先验哲学的本质以及它的形而上学内涵。我的两部核心著作是 2003 年出版的《胡塞尔现象学》(*Husserl's Phenomenology*)以及 2017 年的《胡塞尔的遗产》(*Husserl's Legacy*)。前者是有关胡塞尔哲学的一般导论，后者则进行了更为技术性的处理——它与《胡塞尔现象学》一书中的观点一致，但通过对近二十年间胡塞尔研究的引述和探讨，该书进一步深化和拓展了我的解读。

我最初追随黑尔德(Klaus Held)和贝奈特(Rudolf Bernet)进行现象学训练。虽然我在现象学领域的大部分工作都是有关胡塞尔的，但我认为，现象学是一个有着共同论题和关切的传统，它统一起并且持续统一着它的支持者们。诚然，在现象学中有着诸多异质性。许多重要的人物在这一运动中持续修正和发展着他们的观点。此外，正如利科曾言，现象学的历史是异端的历史；每一代胡塞尔之后的现象学家都从奠基性的人物那里汲取了灵感，但也一直在变更着方法论、论域以及现象学事业的目标。尽管现象学以多种方式发展为一场具有多个分支的运动，尽管所有胡塞尔之后的现象学家都与胡塞尔原初计划的诸多方面保持着距离，我在这些年里的进路则是试图聚焦于相似性和共同点。如果现象学期许一个未来，那么，在我看来，紧要的是表达和发展现象学工作的共同之处，而不是陷入到不幸侵蚀其历史的那种宗派主义阵地战。太多的精力被耗费在对内在差异而非共同特征的强调上。许多有关现象学的介绍性著作都包含了对现象学主要思想家们的分章讨论，而我的简短导论《现象学入门》则与此不同。这本书并没有表达和突出譬如胡塞尔、海德格尔、梅洛-庞蒂之间的差异，这些差异在我看来往往由于对胡塞尔基本想法的误解而被过分夸大，我的重点在于他们的相通之处。

　　距离我最初到访中国已有二十多年之久了。此后我曾多次回到这里，每每总会被中国学者们对现象学的浓厚兴趣及深刻认知所触动。我希望我的中文版文集能够进一步支持、激发和鼓舞中国学界对现象学生意盎然的探讨。

丹·扎哈维

2021年4月

（蔡文菁　译）

献给亚当、爱弥尔和朱莉

目　录

英文版序

早在 2003 年，我就用丹麦文出版了一部简短的现象学导论。ix
其后几年里，这本书先后被翻译成了德文（2007 年）、冰岛文（2008
年）和日文（2015 年）。到 2016 年的时候，我跟劳特里奇出版社联
系，问他们有没有兴趣出英文版。意向很快就谈妥了，但当我着手
翻译丹麦文版的时候，我才发现，2003 年版其实还有很大的改进空
间。最终，我决定修订全书，相当于完全重写了一遍。书的篇幅长
了许多，而且在我看来，品质也好了不少。

在本次修订过程中，我部分地采用了此前我其他已译成英文的
导论性质的文章或书内章节中的内容，包括"现象学"①，"现象学
社会学：日常生活中的主体性"②，"交互主体性"③，"柏格森、海
德格尔、胡塞尔论时间、空间与身体"④，"自然化的现象学：值得 x
追求，还是范畴谬误?"⑤，"现象学种种"⑥。

* * *

请允许我表达对 Thomas Bestle, Alessandro Duranti, Magnus
Englander, Simon Høffding, Piet Hut, Bente Martinsen, Kristian
Moltke Martiny, James Morley, Søren Overgaard 和 Susanne Ravn,
以及我在哥本哈根的各位学生的谢意，感谢他们对本书各部分的内

容提出了种种卓有助益的建议。尤其要衷心感谢 Sara Heinämaa 拨冗通读全稿，并提出了极富洞见的评论。

注释

①　"Phenomenology", in D. Moran (ed.), *Routledge Companion to Twentieth-Century Philosophy* (London: Routledge, 2008).（中译英文版序后的注释为中译者为行文方便所加，原书是在正文中。——编者）

②　"Phenomenological Sociology: The Subjectivity of Everyday Life" (with S. Overgaard), in M. Hviid Jacobsen (ed.), *Encountering the Everyday: An Introduction to the Sociologies of the Unnoticed* (Basingstoke: Palgrave Macmillan, 2009).

③　"Intersubjectivity", in S. Luft & S. Overgaard (eds.), *The Routledge Companion to Phenomenology* (London: Routledge, 2011).

④　"Time, Space and Body in Bergson, Heidegger and Husserl" (with S. Overgaard), in R. Baiasu, G. Bird & A.W. Moore (eds.), *Contemporary Kantian Metaphysics: New Essays on Space and Time* (Basingstoke: Palgrave Macmillan, 2012).

⑤　"Naturalized Phenomenology: A Desideratum or a Category Mistake?" *Royal Institute of Philosophy Supplement* 72 (2013), 23–42.

⑥　"Varieties of Phenomenology", in W. Breckman & P.E. Gordon (eds.), *The Cambridge History of Modern European Thought* (Cambridge: Cambridge University Press, 2019).

引　言

现象学是二十世纪最重要的哲学传统之一。埃特蒙德·胡塞 1
尔是其创始人，其余极具影响力的主倡者还有马丁·海德格尔、让-保罗·萨特、莫里斯·梅洛-庞蒂以及伊曼纽尔·列维纳斯。现象学之所以有如此大的影响力，一个原因在于，几乎其后所有德法两国哲学理论之形成，都可以被视为对现象学的拓展或回应。因此，准确理解现象学，不仅就其本身而言意义重大，同时也始终是理解二十世纪后续理论进展的必要条件。

多年以来，现象学已经在许多哲学领域获得了重大成果，也为诸如意向性、知觉、具身性、情感、自我意识、交互主体性、时间性、历史性以及真理等论题提供了革新性分析。它切中肯綮地批判了还原论、客观主义和科学主义，也以详尽的论证力争重塑生活世界的地位。现象学还展示了一套对于人类生存的细致刻画；在这套刻画中，主体被理解为一种具身的、植根于社会与文化之中的"在世之在"（being-in-the-world）。由此，现象学也为包括精神病学、社 2
会学、心理学、文学研究、人类学和建筑学在内的各门经验学科做出了至关重要的贡献。

迄今为止仍被视为经典的现象学文献大多写作于二十世纪上半叶。尽管如此，现象学也仍然源源不断地为我们带来启迪，并且已在近年来重新点燃了人们的研究兴趣。要说现象学目前正在走向复兴，也不算夸大其辞。

　　尽管现象学在许多方面演变成了一场分支众多、想法各异的思想运动，尽管后胡塞尔现象学家在各方面都远离了胡氏的最初设想，尽管把现象学说成是一个具有一整套清晰内容的哲学体系有点过于夸张，但是，有一些总的哲学关切和共同论题，把现象学的支持者们团结在了一起，并将让他们一直团结下去，这是一个不容忽视的事实。

　　要想对所有现象学家进行毫无偏颇的通盘考察，这在眼下这本导论中是个不可能的任务。有鉴于此，我会主要从胡塞尔、（早期）海德格尔和梅洛-庞蒂这三位公认对现象学发展有重大影响的思想家的作品中汲取论证资源。不少现象学导论性著作把这些思想家放在了不同章节中挨个论述，我则采取了不同的做法。我并不会强调他们之间的差异——那些在我看来其实是由于错误阐释了胡塞尔的基本观点才常常为人所过分强调的差异——相反，我会着重谈三者的共同点。

　　在本书第一部分，我会把重心放在现象学中的哲学概念本身。我会讨论方法问题、对第一人称视角的重视、对生活世界的分析，并简要勾勒该传统的发展历程。

　　在本书第二部分，我会暂时搁置那些更侧重于方法论上的考量，转而就现象学的具体分析给出一些更为细致的范例。我会首先考察现象学对空间性和具身性的探索，接着再转而考察它对交互主体性和共同体的分析。

　　本书的第三部分将展示现象学是如何被应用于哲学之外的其

他学科之中的。我将侧重讲述它是如何影响了社会学、心理学以及
认知科学中的有关讨论。

　　写这本书的初心，与其说是为现象学提供辩护，毋宁说是对这
个领域进行展示。也就是说，我的目的在于以尽可能易于理解的方
式，详细说明现象学的一系列独到观点，而并不在于面对这些观点
曾经遭遇过的种种指摘而为这些观点提供辩护。此外，基于阐释中
的分歧和争议所展开的讨论，我也都已经尽可能地限制在了最小范
围内。若对现象学的系统性辩护感兴趣，或者想看到更多对有关研
究文献的专业性处理，各位读者可在别处自行查阅。①

注释

　　①　例如，可参阅 Zahavi 2003, 2005, 2014, 2017, 和 Gallagher & Zahavi
2012。

附：现象学家小传五则 *

埃特蒙德·胡塞尔（Edmund Husserl, 1859—1938）

初入哲学门时，胡塞尔的年纪已经不小了。他生于摩拉维亚地区（Moravia）的普洛斯尼茨（Proßnitz）（摩拉维亚当时还是奥匈帝国领土），先后在莱比锡、柏林和维也纳学习物理学、数学、天文学和哲学。1883 年，他获得了数学博士学位，几年之后他的哲学兴趣才愈发认真严肃起来。部分原因在于他去听了心理学家、哲学家弗朗茨·布伦塔诺（Franz Brentano）的课。胡塞尔的首部重要著作《逻辑研究》发表于 1900—1901 年间。正是有了这部专著的发表，他才得到了哥廷根大学的职位延请，从 1901 年到 1906 年都在那里教书。他的第二部主要著作《纯粹现象学与现象学哲学的观念》首次发表于 1913 年。1916 年，胡塞尔迁至弗莱堡，接下了新康德主义者海因里希·李凯尔特（Heinrich Rickert）的哲学教席。在弗莱堡工作期间，埃迪·施泰因（Edith Stein）和马丁·海德格尔都曾做过他的助手。1928 年，胡塞尔退休，海德格尔接任了他的教席。退休后不久，胡塞尔又出版了《形式逻辑与先验逻辑》（1929）和《笛卡尔式的沉思》（1931）。德国纳粹政权带来的社会大环境让胡塞尔在三十年代吃了不少苦头。由于其犹太血统，胡塞尔不仅仅被禁止参与任何形式的公开学术活动，还先后失去了教学、出版的权利，乃至最终全然丧失了他的德国公民身份。尽管遭受了这一系列情

---

　　* 此五则小传在原书中是"引言"部分的注释，为行文和阅读方便，译者单列出来。——编者

况的严重影响，胡塞尔仍旧持续艰苦工作，甚至在这段欧洲堕入非理性主义的岁月中更为热切地坚持与哲学命运与共。1935 年，胡塞尔应邀前往维也纳和布拉格举办讲座，并在讲座内容基础上撰写了最后一部著作：《欧洲科学的危机与先验现象学：现象学哲学导论》(1936)。1938 年 4 月 27 日，胡塞尔离世。在他去世后，赫尔曼·利奥·梵·布雷达(Herman Leo van Breda)，一位年轻的方济各会修士，把大量的胡塞尔手稿顺利偷运出德国，并在比利时的一个修道院内把它们保存了下来。二战还没开始，胡塞尔档案馆就在鲁汶成立了。直到今天，人们依然可以在那里查阅胡塞尔的原始手稿。

4

马丁·海德格尔(Martin Heidegger, 1889—1976)

海德格尔最初是在弗莱堡学习天主教神学和中世纪哲学，后来在 1911 年决定专习哲学。1913 年他进行了博士论文答辩，并在两年后通过了教职论文答辩，论文题为《邓·司各特的范畴理论和意义理论》。教职论文的审核人是李凯尔特，而胡塞尔到弗莱堡接替的就是李氏的教席。从 1918 年一直到 1923 年，海德格尔一直在胡塞尔手下做助理，1923 年才在马堡大学成了编外教授。1927 年，海德格尔的主要著作《存在与时间》出版，次年他便回到弗莱堡接替了胡塞尔的教席。1929 年，海德格尔在就职讲课上讲授了著名的《什么是形而上学？》。希特勒掌权后，海德格尔被选为弗莱堡大学校长，成了纳粹党员。不过，没到一年他就从校长位置上退了下来，并慢慢淡出大学政治圈。尽管如此，2014 年出版的所谓"黑皮书"（相当于海德格尔的哲学日记）却告诉我们，海德格尔的纳粹热情并非短暂而肤浅的。直到 1944 年，他还在进行常规教学工作，但战后他便因为他的政治倾向受到教学禁令，并在 1946 年失去了教授席位。1949 年，海德格尔恢复荣休教授身份，并且从那时起讲授了许多课程，直到离世前夕。正是在这一时期，他写下了诸如《语言》(1950)、《筑·居·思》(1951)、《对技术的追问》(1953)等核心篇目。

让-保罗·萨特 (Jean-Paul Sartre, 1905—1980)

　　萨特在巴黎高等师范学校学哲学，在那里他结识了整个同时代法国思想界的弄潮儿，包括西蒙娜·德·波伏瓦、雷蒙·阿隆、莫里斯·梅洛-庞蒂、西蒙娜·韦伊、伊曼努尔·穆尼埃、让·伊波利特以及克劳德·列维-施特劳斯。他和伴侣、哲学家波伏瓦的关系可谓一段传奇。在 1931 年至 1945 年间，萨特先后在勒阿弗尔 (Le Havre)、拉昂 (Laon) 和巴黎的高中教书。在三十年代早期，经阿隆和列维纳斯的译介，他了解了胡塞尔哲学和海德格尔哲学，并在 1933 年到 1934 年去柏林学习现象学。在三十年代后期，他发表了四本讨论意识的著作：《自我的超越性》(1936)、《想象》(1936)、《想象物》(1940) 和《情绪理论概述》(1939)。这四部著作都展现了萨特对胡塞尔哲学的熟稔。二战爆发，萨特应征入伍，1940 年被俘入狱。在狱期间，他研读了海德格尔的《存在与时间》。1941 年出狱后，萨特开始积极参与抵抗运动，并在 1943 年出版了他的哲学杰作《存在与虚无》(海德格尔的影响可见一斑)。1945 年，萨特创办了文学与政治评论杂志《现代》(*Les Temps Moderne*)，并担任了多年的编辑工作 (一度与梅洛-庞蒂共事)。为了投身于文学创作和编辑工作，战后的萨特决定不再继续任教。在二十世纪极具影响力的哲学家中，萨特成了极个别没有在大学任职的人物之一。战后，萨特愈加深入地参与政治活动，他对马克思主义的同情以及对苏联的仰慕也愈发强烈，尽管他从未入党。直到 1956 年苏联入侵匈牙利之前，萨特对苏联政权的支持都从未动摇过。1960 年，萨特出版《辩证理性批判》，这本著作是他政治参与和社会活动的见证。1964 年，萨特获诺贝尔文学奖，但他却出于立场理由拒绝了该奖项。萨特的政治活跃度一直保持到晚年。他抵制法国在阿尔及利亚的战争行为，和伯特兰·罗素一起积极反对越战，同时也是 1968 年 5 月巴黎抗议活动的大力支持者。1980 年 4 月，萨特去世，五万余人出席了他的葬礼。

莫里斯·梅洛-庞蒂（Maurice Merleau-Ponty，1908—1961）

梅洛-庞蒂也曾在声名卓著的巴黎高师就读哲学。1939 年 4 月，他造访了创建伊始的鲁汶胡塞尔档案馆，成了该馆第一个外国访客。1942 年，他出版了第一部专著《行为的结构》，并在 1945 年出版了学界公认的主要著作《知觉现象学》。1949 年，梅洛-庞蒂就任索邦大学儿童心理学与教育学教授，并在 1952 年被选任法兰西学院哲学教席，成为该席位有史以来最年轻的当选者。他一直在这个位置上工作，直到 1961 年 5 月去世。二战后，梅洛-庞蒂越来越多地投身政治问题，并发表了一系列包括《人道主义与恐怖》(1947)、《意义与无意义》(1948) 和《辩证法的历险》(1955) 等在内的著作和文章。在保持政治关切的同时，梅洛-庞蒂也没停下教学的脚步，他在索邦大学和法兰西学院所留下的许多讲课稿，都见证了他对包括儿童心理学、结构语言学、民族学与精神分析等在内的其他诸多学科的浓厚兴趣。1960 年，文集《符号》出版。1964 年，残稿《可见的与不可见的》在他去世后编纂出版。这被认为是他第二重要的作品。

　　伊曼纽尔·列维纳斯（Emmanuel Levinas，1906—1995）

　　伊曼纽尔·列维纳斯出生于立陶宛的考那斯（当时仍是俄罗斯帝国的一部分）。完成高中学业后，列维纳斯前往法国，在斯特拉斯堡开始学习哲学。1928 年，他在弗莱堡跟随胡塞尔和海德格尔学习过一段时间。后来正是列维纳斯把胡塞尔的《笛卡尔式的沉思》翻译成了法文（与 G. 派弗［G. Peiffer］合译），并在 1931 年出版了博士论文《胡塞尔现象学的直观理论》。此时，列维纳斯已成为法国最为重要的德国现象学专家之一，借此身份他声名鹊起。二战期间，列维纳斯成为法国公民，并应征入伍。他也像萨特一样被俘入狱，并在德国监狱里一直待到战争结束。他大多数犹太亲属都未能逃过一劫，遭德军杀害，他本人却因牢狱生活幸免于难。战后，列维纳斯出任了巴黎东方犹太师范学院主任，随后相继在普瓦提埃大学（1961）、南特大学（1967）获得教席，并自 1973 年起任教于巴黎索邦大学。列维纳斯的早期战后著作《从存在到存在者》（1947）、《时间与他者》（1948）和《与胡塞尔和海德格尔一起探索存在》（1949）都流露出不少他同时受惠于胡塞尔和海德格尔的思想痕迹，但也已经预示了那些彰显列维纳斯本人思想独特性的论题，例如他者的意义以及伦理学与存在论之间的关系。列维纳斯在两本重要著作中集中展现了他在上述话题上的工作：《总体与无限》（1961）和《别于存在，或超乎本质之外》（1974）。在大量哲学著作外，列维纳斯还出版了一系列塔木德评注和探讨犹太教的文章（包括《艰难的自由》［1963］和《塔木德九讲》［1968/1977］）。

第一部分

基本问题

　　到底什么是现象学？接下来的六章内容旨在为这个问题提供一份基本概述。现象学在进行一种怎样的探索？现象学的关注点主要是甚至说仅仅是心灵吗？还是说它也同等地关注世界？现象是什么？我们要怎样着手研究它？我们能够以哪些不同的方式和这个世界发生关联？谈论一棵树和知觉一棵树，这二者间的区别是什么？科学世界和我们通过日常经验所知晓的世界是如何发生关联的？说"现象学是某种形式的先验哲学"，这是什么意思？这几章的内容将展示出现象学的一些全局性话题和追问，描述其（各种）研究方法，并勾勒其发展历程。

第一章　现　象

准确说来，现象学指的就是关于现象的科学，或关于现象的研究。可现象是什么？现象学家要研究的是哪种现象？他们感兴趣的是那些宏伟夺目的现象、那些真正现象级的重大现象吗？西蒙娜·德·波伏瓦曾在自传中详细追述了萨特初识现象学的经历。彼时两人正和朋友雷蒙·阿隆在一家鸡尾酒吧谈天说地，阿隆刚从德国归来，指着他刚点的那杯杏汁鸡尾酒就对萨特说："看吧，老兄，只要你是个现象学家，你就可以一边谈着这杯鸡尾酒，一边搞哲学!"[①] 阿隆所言甚是。哪怕只是关于简单对象的日常体验*，都能够成为现象学分析的出发点。其实，只要哲学研究想要避免陷入陈腐的抽象思维，不想一头撞进死胡同，那么它就得和日常生活中的丰富内容再度联系起来。不过需要注意的是，现象学关注的是对象的呈现方式，而非对象的内容。现象学并不关心某个对象有多重、有多珍贵，或者说由哪些化学成分构成，它关心的是对象显示或展现自身的方式，也即：它是如何显现的。一个物理对象、一个器具、一件艺术作品、一段旋律、一个事件、一个数字以及某个他人，这

---

　　* 为方便读者理解，本书在翻译 experience/experienced 的时候，当其指主体具体的、直接的"意识"活动时，译为"体验／体验的"；在其他情况下，比如和先验对举或已是人所共知的译法，如经验科学，则翻译为"经验／经验的"。——编者

些东西各自的展示方式差异悬殊。不特如此，同一个对象也可能以　10
种种不同的方式显现：在这个或者那个视角下，在或强或弱的光线
条件中，被知觉、想象、希望、惧怕、预期或者回忆。要言之，我们
可以把现象学看作是针对这些不同类型的被给予性（givenness）所
展开的哲学分析。

报　时　钟

上面的内容听上去挺抽象的，讲得或许是有些深了，那我们不
妨讲一个具体例子来考察考察。我在为我的一个朋友搜罗生日礼
物，眼下正在逛哥本哈根市中心的一家古董商店。就在某一刻，我
注意到了一件古董报时钟。这件报时钟是如何显现的？这算作是
哪类现象？首先，我们得承认，这个问题的答案并不简单，因为一
件报时钟能够以多种多样的方式显现。我可以去看、去听、去摸它，
而且它还可以单纯地在思维活动中显现，比如就像我看到一张报
时钟的图片的时候那样；我还可以直接去使用它。为了不把事情
搞得太复杂，我们暂且只考察报时钟在眼下这个情形中的显现方
式——知觉（perception）。光照条件有所不同（自然日光、霓虹灯、
聚光灯，等等），报时钟的显现方式也会随之不同。可就算不考虑光
照情况，或者哪怕说是在最佳光照条件下，我也无法一眼就把这个
报时钟给看全了，因为它总是在某个特定视角下显现。要是把这个
钟放到桌子上，看它的时候我能够看到它的顶部，以及它的两个侧
面，但我却没办法看到背面、底面或者里面。如果绕着桌子转一转，
我就能看到钟的背面了。要是我再把它从桌子上拿起来举高，我也

能把它的底面看个明白。可是无论我怎么做，这个报时钟也只会在某个特定视角下显现。新的面一旦显露了出来，此前的面就会从视野中消失。看上去这不过是一条微不足道的结论，我们在日常生活中早已习以为常，无需绞尽脑汁就能想到。但在现象学家手中，这条结论却成了打开思想宝库的一把钥匙。首先，尽管我们绝不会一眼就看到这整个报时钟，但实际上，就这件报时钟而言，其存在远多于其显现，对这一点我们却从不会加以怀疑，哪怕连问都不会多问一句。它当然具有那些并未在知觉中当下在场的各个部分和各种性质。实际上，在我们的知觉活动中，这些不在场的面也发挥了作用，尽管它们不在场。要是没了这些面，这个钟的正面就不会作为一个正面而显现。因此，在知觉体验里，总是发生着在场与不在场之间的交互影响。当我们知觉某对象时，我们所体验到的总比向我们直观呈现出来的要多一些。我们正注视着的那个正面，指向了这件报时钟的其他的面，尽管这些面暂时不在场，但却可以在进一步的探索中显露出来。说得更普遍一些，我们之所见绝非孤立地被给予，而是处于一个视域之中，这个视域环绕着我们之所见，并对这些所见的意义施加影响。

这个视域所囊括的还不只是该对象自身暂时没能被看见的那些面。我们所遭遇的绝非一个个孤立的对象，而是一个植根于更大周围环境中的对象群。我正在注视着的那件报时钟，放在一张桌子上，而桌子则摆在一个特定的场所里；随着桌子所摆放的场所不同——拍卖场、书房或某个律师的办公室——这件报时钟都会凭借不同的方式、带着不同的意义显现。

即便我的注意力全部放在这件报时钟上，它也并不足以穷尽我的意识场（field of consciousness）。这件钟的周围会被别的诸如手表、茶杯、钢笔、书本等东西环绕起来。当视线聚焦在这件钟上的时候，我当然不会把注意力放在它的周遭环境上。但是，对于别的用品、我脚踏的地面、房间的照明条件等东西，我也不会毫无察觉。它们仅仅作为一层底色被我意识到，也就是说，对于那个总体环境——当我全神贯注于那件钟时，它作为背景发挥作用——而言，它们构成了该总体的部分。尽管这些对象是背景的一部分，它们各自却也能够在注意力转移后独立地成为主题。实际上，这种主题转移之所以可能，正基于这样一个事实：我的主题位于一个场域之中，这个场域和主题一同被给予，而我能在心灵中任意变动我在这个场域中的位置。

想要把分析往前再推进一步，不妨想想"这件报时钟在特定的视角下显现"这句话还意味着什么。当这件钟在知觉中显现的时候，它总是以某个角度、在距知觉者某段距离之外显现。就知觉者这一方面的情况而言，上述情形是不是向我们揭示出了什么呢？要让报时钟如其所是地显现，知觉者就必须要位于那件钟占据的同一片空间之中。有空间位置的知觉者也是具身的知觉者。一个全然不具备身体的知觉者也不具备空间位置，这也就是说，报时钟只能面对一个具身化的知觉者才能如其所是地显现。并没有纯粹理智性的视角，也没有无源之见（view from no where），任何视角都是具身化的。

身体在知觉活动中扮演着重要角色，这一点我们也可以从另一个略微不同的角度加以阐明。即便起初面对的仅仅是对象的某个非常有限的侧面，我们也很少对这种轻轻一瞥感到心满意足。就像胡塞尔所说，是对象在召唤我们去深入探索它：

> 我这儿还有更多有待查看的东西，把我转过来吧，这样你
> 就能看见我的所有侧面，让你的目光遍览我吧，让它靠近我，
> 把我展开、拆开；一直看着我，一遍又一遍地看，把我转过来
> 看每一个面。你就这样慢慢开始认识我，认识我所是的全部，
> 我全部的外部性质，我全部的内在感觉性质。[②]

我们是怎么才做到这样一种探索的呢？我们怎样才能够增进
我们对这件报时钟的认识呢？用手把它拿起来转一圈，或者说绕着
桌子走一圈，以便我们能够看到它的背面。而这一切都要求并实际
牵涉到了身体的参与和互动。这样一来，我们便明白了，知觉的探
索是一项身体性活动，而并非一动不动获取信息就完事了。眼、头、
躯、臂、手，乃至我们的整个身体，我们要让它们都运动起来。我
们发现了这件钟越来越多的面，由此增长了认识。这种活动、这种
身体性探索、这种认识增长，并非一蹴而就。这会耗费时间，后者
在这个过程里也发挥了关键作用。先看钟的正面，再走过去看钟的
背面，正面会在这个过程中逐渐消失在视野中，但却并不从心灵中
消退。我们之所以会对这件钟越来越熟悉，是因为我们能够让过去
看见过的东西滞留（retain）下来。在位置和视角发生转变的时候，
我们并不是先体验到正面，再体验到侧面，最后体验到背面，仿佛
在浏览三张不同的连拍快照。当我们拿起报时钟并在手掌中把它
转动起来，我们所体验到的，是报时钟的显现如何渐进地而非突变
地发生了变化。而要让报时钟以这样的方式显现，我们的意识流便

不能够是一系列片段式的、离散的知觉，而是必定具有一种特殊的
时间结构，必定以某种方式在时间中、在体验中被统一起来。此外，
13　时间还有另一个意义。要想强调情境、视域的重要性，不能仅仅从
空间的角度出发，还同时要从时间的角度来考察。只有立足过去，
并伴随着对于未来的计划和期待，我们才与当下相遇。过去的各个
体验并没有遗失，也不会与我们毫无干系。我之所以在注意到这件
报时钟就立马决定去进一步考察它，既是因为我从过去的体验得知
我的朋友总是睡得很沉，同时也因为我有着对未来的安排——我打
算给他买个礼物。

　　讲到这里，我还想提一提我想从这个例子中提炼出的最后一个
要点。当这件钟显现的时候，它是在对我显现，却并没有显现为我
的私人物件。相反，它全然作为一个公共对象、一个能够同时被其
他所有人发现和使用的公共物品而对我显现。这也正是为什么我
第一时间想到的是去买它（而不是直接带走）。尽管报时钟仅仅向
我呈现出了它的部分，但其他人依然能够同时感知到那些我当下感
知不到的各个侧面。

显 相 与 实 在

　　有人可能会问了：你讲的这些到底有什么意义呢？现象学关注
种种不同对象的显现方式，由此告诉我们的仅仅关乎现象，也即，
仅仅关乎对象显见的性质，仅仅关乎对象显现出来的样子。而这显
然和科学的目标截然不同，后者在于就对象真正所是的样子来把握
它们。

　　在哲学传统中的多数情况下，现象往往被界定为对象在我们用肉眼进行观察时（以及运用范畴进行思维的过程中）向我们显现出来的方式，而这和对象本身之所是有差异。这样一来，人们便如下假定：如果有人想要探索并界定对象到底真正是什么，那么他就应当超越单纯现象性的东西。倘若这就是现象学的现象概念，那这个学科就成了一门关于纯粹主观、显见或表面事物的研究了。可事实并非如此。正如海德格尔在《存在与时间》第七节所言，现象学所运用的现象概念非常不同，却也更为古典。根据这一概念，现象就是显示了自身、揭露了自身的东西。③ 这样说来，现象学并非一门关于单纯表面性事物的学说。也就像海德格尔在《存在与时间》出版前几年所讲授的一门课程上所说的那样：

　　　　从现象学的角度看，把现象说成好像是某个在它背后还会存在着某个它物的东西，并在呈现、表达该它物的意义上把这个在前的东西认为是那个它物的表象，这样的说法是大错特错的。现象绝不是某种在它背后还存在着某个它物的东西。更准确地说，人们根本就不能去追问那现象背后的某个东西，因为现象所给予的，就是那个东西本身。④

　　诚然，有人会声称，现象是某个纯粹主观的东西，是一张面纱或一道烟幕，它遮蔽了客观存在着的实在。但是，现象学家拒绝所谓的两个世界理论，即认为我们不得不在那个呈现给我们的、能够被我们所理解的世界，和那个自在存在着的世界之间做根本区分。现象学家的做法当然不等于否认单纯显相和实在之间的区别——毕竟

某些显相是具有误导性的；对现象学家而言，这个区别并不意味着
区分出两个独立分离的领域（二者分别归属在现象学和科学各自的
领土中），而仅仅是两种不同显现模式之间的区别。二者区分开的，
一方面是对象如何在匆匆一瞥中显现，另一方面则是对象如何在最
佳情形下——比方说，作为全面彻底的科研结果——显现。实际上，
现象学家普遍认为，我们眼前所显现的那个世界，无论是在知觉活
动、日用起居还是科学分析中显现，都的确具有它声称具有的实在
性、客观性。想要宣称除此之外还存在着一个幕后世界，一个超越
了一切类型的被给予性和一切类型的明见性的隐匿世界，并且还认
为这个世界才是真正真实的实在，这样的想法会被现象学家当成是
空洞的玄思而弃若敝屣。更确切地说，现象学家坚持认为，这一主
张本身就包含着范畴谬误，是错误运用乃至滥用了"实在"这个概
念的后果。现象学家会主张，与其用一个无法理解、不可把握的彼
岸来界定客观实在，不如就在这个显现着的世界之中而非在它之外
找到安放客观性的正确位置。

15　　　说了这么多，我们又该如何来为现象学的研究领域划定范围
呢？现象学分析到底是在关心什么呢？这些分析是否可以主要被
理解为对于意识的细致研究呢？现象学关注的并不主要（或说并不
仅仅）是心灵结构。毋宁说，现象学分析的真正要点在于心灵-世界
这个二联体（或者，就像我们最后会看到的那样，在于自我-他者-
世界的三联体）。在考察了意向性这个核心概念之后，我们会对这
一点有更为清楚的认识。

本章注释

① de Beauvoir 1965: 135.
② Husserl 2001a: 41.
③ Heidegger 1996: 25.
④ Heidegger 1985: 86.

进阶研读指南

· Michael Hammond, Jane Howarth, and Russell Keat, *Understanding Phenomenology*. Oxford: Blackwell, 1991.

· Dermot Moran, *Introduction to Phenomenology*. London: Routledge, 2000.

· Robert Sokolowski, *Introduction to Phenomenology*. Cambridge: Cambridge University Press, 1999.

第二章　意向性

　　我可以思考素数，或者思考遥远的星系，我也可以想象独角兽，品尝洋甘菊茶，害怕摄魂怪，记起我小时候的事情，也可以辨认出丹麦女王的照片。要是由此便想当然地以为我的体验生活就是由或强或弱的内部的感觉和感受状态所构成的聚合物，那便是完全错误的刻画。当我们看、听、回忆、想象、思考、憎恨和恐惧的时候，我们的观看活动、倾听活动、回忆活动、想象活动、思考活动、憎恨活动和恐惧活动，都是关于某个东西的活动。意识自身具有一种指向性，是一种关于某物的意识，我们把这一特征称为意向性（intentionality）。意识并不关注自身，并不全神贯注于自身之上；相反，就其本性而言，它超出自身之外。在现象学家看来，意向性是对意识所特有的这种指向自身之外的特质的一个通称。注意，请勿把该术语此处的意思和它另一个更为人所熟知的意思给搞混了，即某人行动时心中的意图性。

　　意向性这个概念历史悠久，最早至少可以上溯至亚里士多德，在中世纪哲学中也发挥了核心作用。尽管如此，这个概念却是在胡塞尔的《逻辑研究》（1900—1901）中得到了主要分析，这部著作通常被视为现象学的开山之作。此后终其一生，胡塞尔也都一直在钻研意向性这个论题。

为什么这个论题至关重要？因为一旦把它研究清楚，我们就能 17
够去澄清体验主体性和世界内对象之间的关联与差异。

正是有了意向性，意识才并没有封闭在自身之中，而总是关注
着各类和意识本身完全不同的物件和事件。我所知觉到的生日蛋
糕和我对这一蛋糕的知觉，二者有相当大的差异。这块生日蛋糕有
三公斤重，是可以吃的，也可以用来搞恶作剧。我对这个蛋糕的体
验却没有重量，我不能吃它，更不能把它拍在别人脸上。蛋糕本身
并不是对于或者关于某个东西的，但对于蛋糕的体验却的的确确关
于某个东西，也即关于这块蛋糕。

在讨论意向性的时候，人们常常会说它是面向性或视角性的。
人们所意识到的绝非某个绝对对象（the object simpliciter），而是总
在特殊的方式下被意识到的对象，无论人们是从某个特定的角度来
考察，还是以某种特别的描述来表述。对象总是以特定的方式向主
体呈现。我可能会把我的智能手机看作一个交流工具，一份我从朋
友那儿得来的礼物，一种有效的音乐存储方式，或者是让人心烦意
乱的根源（因为它出故障了），等等。除了意向到对象的不同属性，
以及除了改变被意向对象呈现为的内容，我们还能够去改变呈现样
式本身。同一张桌子，除了知觉它，我还能针对它进行想象、判断、
回忆等活动。显而易见，同一个对象能够以多种不同的方式被意
向，而同种类型的意向性也能够对准各类不同的对象。怀疑"金融
危机就要来了"，怀疑"选举过程公平公正"，怀疑"气候危机就是
虚假新闻"，都是有可能的；同理，看见"下雨了"，想象"下雨了"，
否认"下雨了"，也都是有可能的。不论是知觉、想象、欲求还是回
忆，每种类型的意向性体验都以某种独特的方式指向了它的对象。

现象学的核心任务之一，就是要细致入微地分析这些差异，并仔细地澄清它们相互间的系统性关联。

知 觉 与 图 像

胡塞尔在他的经典分析中强调了知觉意向性的首要地位。不妨想想下面这个例子：我们可以就"生日聚会该买哪种蛋糕"一事展开一番讨论。是该买奥赛罗蛋糕，还是萨赫蛋糕呢？尽管这两种蛋糕并没有在当下出现，也就是说，即便我们并不能在周围发现它们，我们却仍可以思考、讨论并意识到它们。我们也可以仔细端详一张奥赛罗蛋糕的照片，以便发现更多其构造和外观上的细节。此时我们依然指向了和之前一样的同一个（同一类）的蛋糕，但它却是以图像性方式在当下出现的。最终，我们或许会把蛋糕给买下来（或烤制出来），看一看，尝一尝。在上述三种情形下，我们都指向了完全同一个（同一类）的蛋糕，但在三者中蛋糕展示自身的方式却是截然不同的。要想给这些意向行为排个先后次序，其中一种可行的方式是看它们有多大能力可以把对象直接、原初地给予我们。首先让我们考察一下语言行为。当我们仅仅是在思考这种蛋糕、谈论这种蛋糕的时候，这块蛋糕当然是我们所指称的对象，我们思考和谈论的，就是这种蛋糕，只不过它没有以任何直观的方式被给予罢了。图像行为具备了一定的直观内容，但是就像语言行为一样，图像行为也只是间接指向了对象。语言行为借助于约定俗成的表象（语言符号）意向对象，图像行为则借助于一个一定程度上相似于对象的表象（图像）来意向对象。只有知觉行为直接地把对象给予我

18

们。在胡塞尔看来，正是这种类型的意向把对象本身在亲身呈现中提供给我们。[①]

　　这不仅仅是在说，知觉意向性以最优越的方式把对象呈现给了我们——试比较：谈论在空中乘坐热气球，观看有关视频，或者说你亲自去体验一把——除此以外，它还意味着，相较于别的更为复杂的意向性样式，比如回忆或图像意向性，知觉意向性更为基础。当我们有了某些片段性的回忆，当我们回想今天早些时候早饭吃了什么，我们回想的正是此前的知觉体验。就此而言，回忆奠基于知觉，以后者为前提。当我们观看图像并且看见了被制成图像的对象的时候，事情会变得更为复杂。试想如下这个例子：我在参观维也纳艺术博物馆，此刻正站在丢勒的马克西米安一世肖像画前。此时我所指向的对象是什么？我可以关注这个图像物本身（image-thing），即这张作为物理对象的肖像画，一张绘有多层颜料的带框画布；我也能关注这个图像对象（image-object），也即这个图像性表象本身及其美感属性，并赞叹丢勒惟妙惟肖的描绘手法；我还能关注这张图像的描绘主题（image-subject），即画家所要描绘的那个东西。[②] 通常情况下，我们的注意力首先会放在最后一重对象上。我会着迷于马克西米安独特的外貌，被他雍容华贵的装束或者他左手握住的那个石榴给牢牢吸引住。这看上去似乎是轻而易举就能得到的结果，但其过程却已然达成了不小的成就，因为这一结果之实现牵动了一种相当复杂的、多层次的意向性样式。为什么呢？不妨想想当我们说某个东西是另一个东西的图像（并作为其图像发挥作用）的时候指的是什么意思吧。一个对象是如何能去描绘（depict）另一个对象的？符号和它所意指的东西之间并不存在内在关联，但

19

对于图像而言，它被认为可以去描绘的东西，一般说来是为它具有的某些内在性质所制约了的。若按正确顺序排列，c-h-a-i-r 这五个西文字母可以指称一把椅子 "chair"，但这一指称完全是约定俗成的，有可能完全并不是这么回事。比如在丹麦文里，对应字母序列就是 s-t-o-l。可和语言不同的是，我们绝不会毫不迟疑地断定丢勒的肖像画其实是画了一个亨氏茄汁罐头。但是，认为只要当下出现了某种相似性就足以让一个对象去描绘另一个对象，这就是走入了误区。两个东西看上去再怎么相似，也不能说其中一个就是描绘另一个的图像。两片草叶可能看上去非常相像，但这一点却不会让一个变成另一个的图像；此外，相似性是一种互换关系，但对于表象来说却并非如此。肖像画是一张关于马克西米安的图像，但马克西米安却并没有描绘或表象这张图像。根据胡塞尔对图像意向性的分析，对于某个物理对象来说，只有让观察者用一种特殊的方式来对它进行把握，它才能够作为某个他物的图像来起作用，才能够去描绘某个他物。用一个看上去有些自相矛盾的说法来说：为了看见图像中所描绘的东西，我们必须既去看又不去看我们眼前的物理对象。我们不得不去知觉画框、画布，但我们也同时需要超越当下呈现在我们面前的物理对象，以便被描绘的对象能够在图像中显现出来。可以说，画框就像是一扇窗，能把我们引向图像世界。[③] 一个日常性案例能帮我们确证这个结论。若你在读报时看到了一张马克龙的照片，一般情况下你就会意识到马克龙，他是你所意向的对象。可要是这张作为图像对象的照片模模糊糊的，看不真切，它就会迫使你不得不把注意力集中在它上面。即便在最佳情形下，图像意向性也总是需要中介的，它需要同时借助于对于图像物本身的边缘觉知。若非如此，我们就会把描绘对象当作是实际当下出现的东西来体验，进而产生错觉。[④]

表象与因果性

意识意向性的结构并不简单，其中含有多个面向、多个层次。不论我们所讨论的是知觉意向性的某个简单情况，还是诸如像"回忆我们自己曾经在某个美术馆看过的、X 所作的关于 Y 的绘画作品"这种复杂情况，意识始终指向外部，它始终关切着那些不同于它自身的物件和事件。这是何以可能的？心灵如何能完成这一非凡的成就？有种观点认为，体验本身发生在主观领域内，和外部世界并没有直接关联。现象学家并不支持这种观点。而持有这种观念的人则通常会进一步认为：为了理解、解释意向性，我们有必要进一步引入某种中间界面，以此把心灵和世界结合起来。我看着这块蛋糕的时候，蛋糕或许是我所意识着的东西，但这一点却并不意味着作为物理对象的蛋糕本身就直接地呈现在我的意识之中了。相反，蛋糕只不过是在对我的感觉器官施加影响；在因果作用的影响下，一个关于蛋糕的心灵表象会在意识中浮现出来。在这种解释下，日常知觉就可以区分出两种不同的存在者——心灵外的对象和心灵内的表象——而我之所以能通达前者，是由后者所中介和保障的。

所有现象学家都不同意这种说法。在这里我仅仅提其中两条批评意见。

第一点批评针对的是表象性中介的引入，第二点则针对的是以因果性为基础来解释意向性的企图。

众所周知，表象论摆脱不了怀疑论的诘难：为什么对某个东西（某内部对象）的觉知就能使我能够觉知到另一个全然不同的东西（某外部对象）？而我们又凭什么就胆敢断定，内部可通达的东西就能够实际上表象某个外部事物？毕竟，我们并不能时不时地走到意识之外，来把内部的东西和外部的东西做个比对。如果我们能实事求是地去考察我们的知觉体验，我们理当发现，知觉体验让我们所面对的，并不是有关对象的图像或符号——当然了，除非我们正在知觉的就是绘画或者照片——而是对象本身。当我们在看帝国大厦的照片或丢勒的马克西米安一世肖像画的时候，我们所面临的是一种复杂的意向性样式，在这一样式中，我们对某个存在物（照片或绘画）的觉知让我们得以觉知到另一个东西（建筑或人物）。我们并没有指向我们所知觉到的，而是通过后者指向了别的东西。与此不同的是，在日常知觉中被给予的对象并不是关于另一个东西的符号或图像。其实，要是胡塞尔说的没错，若对象要起到图像或符号的作用，我们必须首先要知觉到该对象。只有这样，该对象才能更进一步地获得其表象性质。可一旦事实如此，我们显然只能拒绝知觉表象理论，因为该理论已经预设了它试图去解释的东西。

那因果性呢？难道说知觉对象与知觉主体之间的因果关联不是去解释知觉意向性的最佳模式吗？因果性难道不可能是联结心灵与世界的黏合剂吗，以至于我们可以说，某个意识状态表象（指向）了某个对象，当且仅当它和该对象以因果链的方式联结了起来？这种相当粗糙的说法面临着一些显而易见的困难。当我用望远镜查看远处的山峰时，我们通常会说，我的知觉对象是那座山峰。尽管山峰（或说从山峰上反射过来的光线）会对我的视觉系统施加因果作用，它也完全不能构成唯一的原因，而只能说是一个相对边缘的原因。为什么我没有知觉到（表象）望远镜的镜头，更遑论我视网膜上更切近的刺激呢？另一个困难在于，因果性概念似乎过于粗放，难以把握意向性的面向性特质。假设现在我走进了一间屋子，看见了一个破旧的棕色旅行箱。这个箱子总是会以某种方式来向我显现。我永远无法同时看到箱子的全部外观（正面、背面、底面、里面）。这个箱子也总是在特定的光照条件下、在特定的背景下向我显现。诚然，人们可以认为，这一切情形都可以用旅行箱对我的视觉系统所施加因果作用的方式来轻松地得出解释，但是，我们不能忘了，这个旅行箱还总是在某个特定情境下伴随着某种特定意义向我显现。完完全全同一个旅行箱，取决于我此前的经历和当前的关切，可能会展现为旅行用品，旧信收纳箱，对于"一切空间对象都有其背面"这一命题的示例物，纽约爱丽丝岛的纪念品，抑或是展现为当前难民危机的一个象征。换句话说，我能够和这同一个旅行箱以各种或实践或理论的方式发生关联。我们似乎并不太容易看出，旅行箱所施加的因果作用如何能够去解释这些关联方式之间的差异。而接下来这一点或许是那种试图把意向性还原成因果性的理论所能遭遇的最为棘手的反对意见：在我的直接物理环境中实际存在着的空间对象，那些有可能对我施加因果作用的事物，仅仅构成了我所能够意识到的东西中的极小部分。我所能思考的，包括月球背面、方的圆、独角兽、明年的圣诞节以及矛盾律。上述不在场对象、不可能对象、虚构对象、未来对象以及理念对象，怎么能说它们给我施加了因果作用呢？并不实存的对象也能够被思考，这

22

一点似乎有力反驳了下述理论，即一个对象必然通过因果性对我施加影响才能使我意识到它。

　　与上述论调相反，在现象学看来，我们首先指向的是实际存在着的对象。柠檬的口感、咖啡的气味、冰块的冰冷并非是隶属于某些捏造出来的心灵对象的属性，而是实际呈现出来的对象所拥有的属性。因此，我们再也不应该把知觉体验当成是某种给予心灵表象的内在大银幕。现象学家并不认为，为了体验到对象，我们需要把对象在内部再造或说表象（represent）出来；相反，他们会主张，知觉体验直接地无需任何中介就把对象呈现（present）给了我们。与其说我们所体验到的是表象（representation），并认为知觉意向性是某种形式的再度呈现（re-presentation），最好把知觉就看作是某种形式的呈现（presentation）。

　　其次，我们还应该放弃那种试图把心灵–世界之关联解释成因果关系的想法。世界之内的对象相互以因果式的方式发生作用，但心灵却不单纯是个对象，而心灵–世界之关系的独特性质也不能等同或同化为两个内–世界（intra-worldly）对象之间所具有的那种因果关系。实际上，在现象学家看来，若把心灵仅仅当成是又一个世界之内的对象来加以研究，那么，意识所具有的某些最有趣的特质，包括其在知识论上和存在论上的（ontological）真正意义，就根本不能为人所揭示，毋宁说去加以解释、澄清了。

　　行文至此，不难发现，现象学家之所以会如此热衷于分析意识意向性的结构，在于他们想要澄清心灵和世界之间的关联。他们并不特别关注心灵与大脑之间的关联，也并不会认可准确刻画意向性的关键在于用非意向性的机制、进程来对意向性给出一套还原式解释。现象学主张，意识的独特性质在于一种内生而非派生的意向性，并且会试图表明，其间发挥根本性作用的，是意义，而非因果性。石头会击中窗户，并由此导致后者发生破裂。但是，尽管两个对象发生了因果关联，这也并没有让其中一个对另一个产生了意识，并没有让其中一个"关于"另一个。即便当我知觉蛋糕时，我被它施加了因果作用，但并不是这个因果关系使我在知觉中意识到了这块蛋糕。准确说来，这块蛋糕对我来说是有意义的，而我之所以意向它、指向它，正是借助于关于它的某种意义。

心灵与世界

有关意向性这个论题，我们可讲的还有很多。就眼下的论述目标而言，下面这一点颇为关键：之所以坚持主张心灵的意向性特质，现象学家想要强调的其实是它的自身超越性。心灵并不是一开始先持守在它自我封闭的小天地内，等着某个来自它处的因果作用降临其上，由此再和世界关联起来。有人认为世界以某种方式外在于我们或在我们之外，也有人认为意识以某种方式被安放在一个内在领域之中，而意识在其中仅仅跟关于这个世界的内在表象打交道。上述两种说法都有误导性。我们既不能认为意识必须在严格意义上走出自身才能够接触世界，也不能说心灵只有以某种方式吸收、消化了世界后才能对它有所觉知。这两种说法都是错的：它们都没有认识到，意识既不是一个容器，也不是一个特定的场所，而是应该从它所具有的开放性来得到界定。我们并不是首先居于一个孤立的主观领域之中，以便之后再时不时地走出去到世界里去闯荡。 24

意识的意向开放性是意识之存在的不可或缺的部分；意识的世界关
联性是其本质的一部分。海德格尔《存在与时间》中有一段非常著
名的引文，十分精准地刻画了上述基本洞见：

> 在转向某东西、把握某东西的时候，此在并不会要先走出
> 它一开始被包裹其中的那个内在领域；相反，在其原初存在样
> 式下，它总是已经和某个它在已被揭示的世界之中所照面的存
> 在物一起处在"外部"了。当此在面对一个有待认识的存在者
> 并界定其性质时，他也不曾抛弃掉任何内在领域。相反，准确
> 说来，哪怕和其对象一起"处于外部"时，此在也依然是在"内
> 部"的；也即，它自身作为认知着的"在世之在"而生存着。⑤

海德格尔不谈意向性主体、主体性或意识这些提法，而更爱用此在
这个术语（"此在 / Dasein"，由德文 "Da" 和 "sein" 构成，前者指
"那里"，后者指"存在 / 是"，合起来就是"在那儿存在的东西"或"存
在在那儿的东西"）。之所以这样来选用术语，一方面是希望回避
某些传统术语所附带而来的误导性含义，另一方面则是想要强调，
我们的存在本来就应当是置身于世界之内并和这个世界打交道的。
其实，现象学研究所揭示的，正是诸如"内""外"这些传统范畴的
局限——它们不能充分地刻画出此在与世界之间的关联。既然此
在总是已然栖身于万事万物之中，那么它便没有什么外部可言，这
也就解释了为什么把此在描述为某种具有内部的东西是一种荒谬
的做法了。我们也可以在胡塞尔那里发现类似的想法，他认为，要
想准确理解意向性，草率地把内部和外部划分开并不是个恰当的做

法；主体既不存在于世界之内也不存在于世界之外，同样地，世界
也并非存在于主体之中或主体之外。内外划分本身就是现象学力
图摧毁的东西，就像梅洛–庞蒂所说的："世界全然存在于内部，而
我则全然外在于我自身。"⑥

让我们暂且先回到图像意向性上面来。前文的案例并不仅仅
在于强调图像意向性和知觉意向性之间的差异，该案例也表明，看
上去非常轻松容易的意识成就——看一张埃菲尔铁塔的图片——
实际上承载了相当复杂的意向性相互作用。通常情况下，我们不假 25
思索地就把对象视为现成的，不会注意到我们自己的意向性所达成
的贡献。但是，图像却并不是自然而然就直接存在着的。一个没有
心灵的宇宙中是不会有任何图像存在的。只有借助于一种特殊的
意向性成就，对象才会作为图像发挥作用。彻底的现象学主张会认
为，图像意向性的这种特质在更为宽泛的情形中也是适用的，正如
胡塞尔在一份早期文本中所说：

> 我们所"意识"到的对象，并非就像是在一个盒子里一样
> 直接存在于意识中，仿佛我们可以径直在里面找到它们，然后
> 把它们给直接掏出来……它们首先是被构造（constituted）为它
> 们在我们面前所是的东西而存在，并且按照各种不同形式的对
> 象意向，被构造为它们对我们而言所是的东西。⑦

在现象学文献中，"构造"（constitution）是个技术性术语。构造并
不意味着创造。意识并不创造出它所构造的对象。后者不能从意
识的运作中被演绎出来或通过这一运作得到解释，因此意识不是其

所构造的对象的来源。我们说水由氢元素和氧元素而非氦元素和氙元素所组成，但这似乎也不是我们解释意识时可供参考的模型。谈及"进行构造的意识"时，我们并不是在谈论一个照着自己的模样来塑造世界的心灵。构造必须被理解为一种使得对象及其意义得以显现或彰显出来的进程；也就是说，被构造的东西能够通过这个进程如其所是地显现、彰显、呈现它自己。而这一进程恰恰在种种重要的方面与意识有关。

通常情形下，我们所经历的生活具有一种自我遗忘的特质，在其进程中，我们总沉浸于世界中的事件。我们关注显现出来的对象（the object that appears），却并没有就它有所显现而言注意到它（the object as it appears）。我们不曾停下脚步，去追问和考察万事万物是如何能够如其所是地向我们显现的，以及它们如何能够具有其所有的意义。但如果我们想要真正地以哲学的方式理解，到底在什么意义上我们可以说某个东西是一个被知觉的物体、一个被回忆的事件或一个被判断的事态情形，那么，我们就不能够忽视那些把上述对象向我们揭示出来的意向性状态（知觉活动、回忆活动、判断活动）。在日常生活中，我们倾向于忽视这些被给予性样态，而现象学的任务则是从一开始就与日常生活的朴素状态决裂，让我们关注并探究行为与对象、我思（cogito）与所思（cogitatum）之间的关联。

我们不得不承认，意向性体验和意向性对象之间是有差异的。但二者之间有差异这一事实并不必然意味着它们在本质上是没有关联的。真正的现象学意向性研究，不应当仅仅只考察主观一侧——比如说，知觉或情感体验——而是同时必然地要考察其对象相关物——被知觉的或被欲求的对象。反之亦然。若不考察意向对象的主体相关项，亦即意向行为，则我们也无法对意向对象进行准确分析。现象学的核心关切之一，正在于对主体相关项和对象相关物之间的关系做出解释。在胡塞尔看来，最宏大、最重要的现象学问题，都与下面这个追问息息相关：不同种类的对象性——下至前科学事物，上至具有最高科学性尊严的成果——是如何被意识所构造的？也就是说，"现象学想要研究的，正是各个领域、各类范畴下的对象统一体是如何'以意识所独有的方式得以构造的'"。⑧

行文至此，我们已触及了现象学思考的一个核心特质。现象学之所以对意向性感兴趣，并不主要是因为对主体的体验本身有某种视野相对狭小的研究兴趣。毋宁说，其理由在于，如果我们真的想要搞清楚物理对象、数学模型、化学过程、社会关系、文化产物等各类事物的情形，那我们就需要去理解它们是如何能够显现为它们之所是，并伴随着它们所具有的意义显现。为了做到这一点，我们便不得不考察它们向之显现的主体或诸多主体。当我们面对着被知觉、被判断、被估价的对象时，一种对这些对象的全方位哲学考察会把我们引向与这些显现样式相关的体验结构。我们被引向了表象、知觉、判断、评价等行为，并因此被引向了主体或诸多主体，而显现对象必定是在与该主体的关联中得以理解的。

我们采取现象学态度，由此把对象的被给予性变为研究主题。但我们并不单单是关注被给予了的对象；我们也关注各个对象体验的结构，因而觉知到我们自己的主观成就，觉知到那个为了让对象如其所是地显现而发挥作用的意向性。当我们研究显现着的对象 27 的时候，我们同时也把我们自己揭示为对象面对其所显现的主体。因而，现象学分析的主题并不是某个无世界的主体（a worldless subject），现象学也并没有在侧重关注意识的同时忽视了世界。现象学之所以对意识感兴趣，正是因为意识具有揭示世界的（world-disclosing）特质。正是为了理解世界是何以能够按它自己特有的方式、伴随着它所具有的有效性和意义加以显现，现象学才要去研究意向性意识的揭示性活动。不是对于心理学领域的有限探索，而是对意向性的深入研究，才铺就了一条引领我们准确理解实在、理解对象性的康庄大道。

意向性理论在胡塞尔的思想舞台中占据了中心位置，这并非没有道理；原因之一在于他认为，研究意识所具有的世界指向性，不仅能让我们获得有关主体性之结构的洞见，也能让我们洞察到对象性的本质。某种诸如对世界的有意识占有这样的活动是可能的，这一事实既揭示了意识的有关特质，也揭示了世界的某些性质。不过，把意识视为一种使得任何世界中的显现得以可能的构造性维度、视为世界在其中得以揭示自身并将自身各环节清晰呈现出来的"场所"，这样一种探讨意识的方式显然和任何一种把意识科学化地处理成单纯只是在世界之中的另一个（心理或物理）对象的尝试是相当不同的。

现象学坚持认为，心灵和世界必须得到同步探索。这样一来，现象学便给我们提供了一个视角，让我们得以借此跨越乃至推倒知识论和存在论二者间的传统壁垒。我们是如何得以理解世界并获得有关这个世界的知识的，和什么是实在的本性，这两类问题历来是截然不同的。人们很容易坚信，尽管前一个问题的答案或许会以各种各样的方式牵涉到种种主体性的、体验性的过程，但后一个问题的答案需要相当小心谨慎地抽离出我们所做的任何主观贡献，以便从一个"无源之见"对实在做出解释。但正是通过把目光投向了现象，现象学才既分析我们理解世界、体验世界的方式，也同时分析种种对象及其显相样态。这也就是为什么海德格尔能够在《存在 28 与时间》中声称，只有作为现象学，存在论才是可能的，并且认为，对于我们的"在世界之中存在"的分析是一切存在论探索的关键。⑨

　　更宽泛地来说，如果有谁说世界与主体性之间的关联纯粹是偶然的，就好像两块乐高积木，既可以拼在一起，也可以相互分离，那么现象学家一定会对这种论调表示怀疑。意向性告诉我们，究其二者之本质而言，心灵是开放的，实在是可显现的。某个东西若要被当成实在的，那么它就必定在原则上是我们有可能遭遇的某个东西，尽管其遭遇方式可能有所不同：知觉熟识、实践参与以及科学研究都只不过是各种可能形式之一。想要拒绝上述观点，并宣称月球、一个神经元、一副纸牌或者说一项公共仪节有着某种捉摸不透的、隐匿着的真正存在，认为上述事物之实在是某种完完全全和任何使用情境、意义网络或理论框架完全脱离的东西，并且由此认为我们能够针对这些对象所采纳的任何体验性视角和理论性视角都会由于上述原因无法把握它的认识目标——这些想法除了难以让人清楚理解之外，也只是暴露出其持有者在知识论上的天真幼稚罢了。这样的想法要靠什么样的论证基础和理论视角来辩护呢？要想了解我们的体验在多大程度上与实在相符合，我们是绕不开这些体验本身的。这不是因为要达到这个目标实在困难太大，而是因为这一设想本身就荒谬不经。抹除视角并不会让我们离世界靠得更近。这一举动只不过是在妨碍我们实现任何有关世界的理解罢了。

实在论与唯心论

现象学家坚定认为，心灵与世界相互依赖、不可分离，但这并不意味着他们把世界还原成了某种心灵内的变更结果或建构产物。他们只是把"世界与心灵互不相同"以及"世界与心灵相互关联"这两个主张结合在了一起。在萨特的一份早期文本中，我们能找到一段有关上述看法的意蕴丰富的表述：

> 胡塞尔始终如一地坚称，谁都不能把事物消解到意识中去。你当然看见了这棵树。但你恰恰是在这棵树所在的地方看见了它：就在路旁，雾气缭绕，你孤身一人，心如刀割，而八英里开外就是地中海海岸。这棵树不会进入到你的意识里面去，因为它有着和意识全然不同的本质。[……]但胡塞尔也不是一个实在论者：这棵长在龟裂地表上的树不是一个绝对事物，仿佛随后才会进入与我之间的沟通交流中。意识与世界同时被给予：世界在本质上外在于意识，却也在本质上和意识关联在一起。[⑩]

这样一种观点是否会让现象学成为某种形式的哲学唯心论？研究文献中有很多关于这一问题的讨论。列维纳斯曾指出，胡塞尔的唯心论并不是那类关于主体是如何封闭在自身之中并且只知道其自身状态的理论，而是一门阐述意向主体如何向万事万物保持开放的理论。[⑪]其实，这个问题很大程度上要取决于我们所运用的定义。

若把唯心论界定为"主体只能意识到自己的主观状态"这样一种观点，而实在论就相应地主张"我们直接意识到世界内的对象，这些对象与心灵全然不是同一种事物"，那么胡塞尔或许更倾向于实在论而非传统唯心论的立场。不过，如前所述，现象学家也都反对客观主义，即反对如下观点：实在就是彻底独立于任何体验者的东西，且我们对实在的认知性把握最多只不过是对预先存在着的世界的忠实反映罢了。

上述见解不仅仅是胡塞尔的想法。海德格尔和梅洛-庞蒂都否认心灵的自身封闭性，并认为心灵就其本质而言就是与世界相交涉的。但他们也捍卫那个看上去有些张力的说法，认为世界是和心灵紧密联系在一起的。换句话说，他们二人都会主张，心灵和世界之间的关系是一种内在关联、一种由其关联项构成的关系，而并非因果性这样一种外在关联。正如海德格尔在 1927 年"现象学之基本问题"这一讲座课上所说的那样：

> 世界生存着——也即，它存在着——唯当此在也生存着，唯当存在着此在。唯当世界存在着，此在也作为"在世界之中的存在"而生存着，才会有存在领会，而唯当这一领会生存着，世界内存在者才会被揭示为现存在手的或上手的。作为此在领会的世界领会是一种自我领会。自我与世界共同属于一个单一的存在者，此在。自我与世界不是两个存在物，仿佛主体和客体或者我和你那样。自我与世界是此在本身在"在世界中存在"这个结构统一体中的基本规定。⑫

30

就心灵与世界之间的相互依赖性而言，我们也能在梅洛-庞蒂《知觉现象学》临近结尾的部分找到类似的说法：

> 世界不可分离于主体，但这个不可分离的主体正是对世界的筹划；主体不可分离于世界，但这个不可分离的世界正是主体自身所筹划的世界。主体是在世界之中的存在，而世界始终是"主体性的"，因为其质地与表达是被主体超越性的运动所刻画的。[13]

现象学的核心关切是心灵与世界的交汇，它们二者中没有哪一个能够在孤立出来的情形下得到理解。只有去实现我们和世界打交道的功能，我们才是我们之所是；而那个被理解为意义之基本情境的世界，也只因我们在和它打交道，它才能够是其所是。如果有人想要问其中的一项在脱离另一项的情形下是什么，这跟如下举动毫无二致：一个劲儿追问背景本身到底是什么，却对前景的情况全然不管不问。

本章注释

① Husserl 1982: 92–93; Husserl 2001b: II/260.
② Husserl 2005: 21.

③ Husserl 2005: 133–134.

④ 在我们看恐怖片过于专注的时候,这一情况可能会发生。不过,特定的审美态度要求我们维持虚构和现实之间的差异,这一点非常关键。要是观众在看莎士比亚《罗密欧与朱丽叶》表演的时候入戏太深,当罗密欧喝下毒药的时候他居然会大呼小叫要医生来,这可能已经在本质上偏离了审美活动了。

⑤ Heidegger 1996: 58. 从斯坦姆堡(Stambaugh)译本引用《存在与时间》时,译文有改动,如 Da-sein 就改成了 Dasein。

⑥ Merleau-Ponty 2012: 430.

⑦ Husserl 2001b: I/275.

⑧ Husserl 1982: 209.

⑨ Heidegger 1996: 31.

⑩ Sartre 1970: 4.

⑪ Levinas 1998: 69.

⑫ Heidegger 1982: 297.

⑬ Merleau-Ponty 2012: 454.

31

进阶阅读指南

· John J. Drummond, "Intentionality without Representationalism." In D. Zahavi (ed.), *The Oxford Handbook of Contemporary Phenomenology* (pp.115–133). Oxford: Oxford University Press, 2012.

· Walter Hopp, *Perception and Knowledge: A Phenomenological Account.* Cambridge: Cambridge University Press, 2011.

· Jean-Paul Sartre, "Intentionality: a fundamental idea of Husserl's phenomenology." *Journal of the British Society for Phenomenology* 1/2, 1970, 4–5.

第三章　方法论考察

　　方法问题是现象学里分歧和争论最多的问题域之一。要是确有某种现象学方法的话，它是怎样的？之所以说这个问题争议很大，不仅仅是由于确实有各种各样的分歧和迥然不同的回答，还因为方法问题本来就是现象学中被误解得最深的方面之一：不仅仅是现象学的批评者，甚至是那些好意的同情人士都误解了它。

悬 搁 与 还 原

　　众所周知，胡塞尔坚定认为，如果现象学要实现它所肩负的使命，某些方法性步骤是必需的。他甚至声称，要是谁忽视了这些步骤，便根本不可能理解现象学到底是怎么一回事。[①]可这样做的关键点究竟在哪儿呢？我们不妨先看看下面两种大家都很熟悉的说法。在《逻辑研究》中，胡塞尔表示，"我们绝对不能满足于'字面'上的东西就止步不前[……]。仅仅由朦胧、混乱而不真切的直观所带来的意义——如果它真是某种直观的话——是不够的：我们必须要回到'事情本身'去"。[②]在后来的著作中，胡塞尔还强调，有必要去执行一种特殊的操作："加括号"或说悬置。他把这一操作称为悬搁（epoché）。可是，什么是那个有必要被放进括号或被悬置

起来的东西呢？为什么通过这样一种步骤我们就能回到事情本身 33
了呢？针对这两个问题，分歧就来了。一派解释认为，"回到事情
本身"意味着拒绝一切理论、解释或建构。需要放进括号里面的，
是我们的既有观点、思考习惯、偏见和理论预设。现象学的使命在
于让我们毫无偏见地转向对象，而不必背负着沉重的理论包袱来展
开研究工作。我们应当怀着开放的心态来展开研究，以便对象如其
自身地展示自身。对万事万物而言，我们不应当按照我们以为它们
会是的那个样子，而是按照它们在体验中为我们所遭遇的那个样子
来关注它们，并进一步把我们的界定建立在细心描述的基础之上。
就这种解读而言，现象学工作更多地是描述的，而非演绎的、思辨
的，它的内核是其严格的直观方法。这里所谓描述，有时会被理解
为这样一种做法：努力排除掉对象的特殊性，以便其本质特性得以
被把握。也有另一些人主张，这样一种方法在于尽可能地做到足
够细致，以便人们研究的具体现象的独特之处能够得到充分重视
和把握。我们可以在福楼拜那里看到这一设想的早期（前现象学）
表达：

　　　我们早就养成了这样一种习惯：每当用双眼进行观察的时
　候，我们总是会回忆起在我们之前别人已经对这些眼前事物形
　成的理解。哪怕最微小的事物也包含着某些未知。我们必须
　发现这些未知。要想描述一束燃烧着的火焰、一棵平原上的树
　木，我们必须要一直待在那火、那树跟前，直到它们再也不会
　在我们眼中和任何别的火焰、树木混同起来。③

除此以外，还有另一条路径来解释悬搁。在这一派解读中，被放进括号里的或说被排除在考虑之外的，不仅仅是那些由传统而来的理论和偏见，还包括了——甚至可以说是更为重要地，包括了——我们那种习以为常、自然而然的沉浸在世界内物件、事件之中的打交道状态。现象学研究旨在揭示出我们主体性生活那些通常为人所忽视了的方面和维度，而我们之所以会忽视这些维度，其原因正在于我们所注意、所关心的是对象。现象学的主要目标在于拓宽我们的注意力所及范围，以便我们能够将"内在体验"这层迄今尚未注意到的维度转变为研究主题，并对它加以描述。这也正是为什么批评者和支持者们都得出了这样一个结论：现象学和内省心理学有许多相似之处。

34

以上两种解释都不太准确。并不是说这些解释全然没有说到点子上，而只是它们都漏掉了关键所在。现象学既非转向对象，也非返回主体。而以为现象学的主要旨趣在于提供细致描述，也是一种错误的见解。这些解释的共同问题在于，它们不仅没有能够准确刻画现象学分析的研究领域——我们在前文已经着重讲过，现象学分析的目的既不是单去研究对象或单去研究主体，也不是单去研究世界或单去研究心灵，而是去研究双方之间的相互联系或对应关联——除此之外，它们也没能认识到现象学所具有的真正意义上的哲学性本质。对于那种毫无建构体系的宏伟目标而仅仅关注纯粹描述的闷头大干，胡塞尔和舍勒都不约而同地把它贬损为一种纯粹"连环画式的现象学"④，这并非巧合。不论描述的是具体对象的个别体验，即我此时此刻的感受，还是特定对象所具有的更为恒定的本质结构，如果只是单单把这些描述搞一大堆放着就摆那儿不管了，那么，这也只不过是现象学哲学家们系统性、论证性工作的粗制滥造的替代品罢了。一言以蔽之，要是谁认为，由于专注于事物的显现方式，现象学便能够让我们捕捉事物——比如一场日出的情形或一杯咖啡的香气——各方面的细节，那么此人便是完全没有理解现象学到底想要做什么。

话虽如此，可什么又是正确解释呢？在给出答案之前，请允许我再来简单谈谈另外一种颇具影响力的错误解释。在这派解释看来，"悬搁"这一做法已然表明，现象学并不是一套形而上学学说，而是一门方法论或元哲学工作。这个说法是什么意思？它想说的是，需要我们现象学家去放进括号并排除在考虑之外的，是这个现实存在着的世界。我们采纳了现象学态度，这样一来，我们就得以关注现象，关注万事万物的显现方式，关注它们的意义以及它们是如何相对于我们而变得有意义起来。这并不是在说，我们仅仅关注体验而并不考虑体验对象，而是在说，就后者而言，那些被看见的桌子、被触碰的花瓣、被听到的旋律，都仅仅因为它们在体验中有所呈现才为我们所考察。它们到底是否真的存在，这件事与现象学无关。 35

在这派解释看来，现象学加括号的真正目的便在于限制研究领域。的确，有些问题我们应该排除在考虑之外，亦即那些我们身为现象学家不应该去关注的问题。我们可以相信，我们指向了某些心灵之外的、超越性的东西，某些并不包含在意识之中的东西，而身为现象学家，我们正应当研究这种信念，研究我们关于自然物、人造物、他人、艺术作品、社会制度之类对象的体验，但我们并没有权利去发表任何有关这些存在者本身之存在的任何意见。身为现象学家，我可以声称我体验到了一个柠檬，声称一个柠檬有所显现，或声称似乎在我面前存在着一个柠檬，但作为现象学家的我却并不能肯定地断言确实有一个柠檬存在。这样一种断言会让现象学转变成形而上学，让我们的研究关切从万事万物显现的方式及其对我而言所具有的意义转变到实在性和实际存在之上，而这一转变是不合法的。

正如之前提到过的那样，这一派解释（或说是误解）具有不小的影响。尽管如此，它还是面临着一个麻烦：我们可以仅仅从后胡塞尔现象学家之中随便举两个例子，比如海德格尔和梅洛-庞蒂，他们两人都有非常明确的存在论承诺，都明确表示了其现象学工作与存在问题的相关性。海德格尔就说过，"并非在现象学之外还另设有一门存在论。相反，科学的存在论毋宁说就是现象学"。⑤ 面对这个挑战，一种回应思路是去论证：现象学在胡塞尔身后经历了一次彻头彻尾的转型。尽管在胡塞尔自己的现象学构想中，的确包含有如前文所述的限制条件，但是，后来的现象学家全都抛弃了胡塞尔在方法上的举措，彻底地改变了整个现象学事业的形态。不少书都曾讨论过胡塞尔现象学和后胡塞尔的存在论现象学或解释学现象学之间极富争议的关系，但就本书的论域而言，就这一关系展开任何细节性讨论都会跑题太远。不过，还是请各位允许我坦言我本人就这一问题的看法。我明确支持连续论的立场，并且也跟他们一样，认为存在着某种所谓现象学传统，而该传统的支持者们正是在一系列共同论题和共同关切的引导下才得以走到一起。

对这一派解释而言，最直截了当的辩护策略就是去表明，胡塞尔本人一直以来都对世界、对真实的存在怀有关切，并对其进行了专注的研究；同时，悬搁的目的并不是把世界或真实存在加上括号并排除在考虑之外。可我们又该怎么理解这一说法呢？"悬搁"的正确理解方式，并不在于将之视为对实在的排除，而是在于把它看成是悬置了某种关于实在的特定独断论态度，这一态度不仅仅是在实证科学中发挥作用，还渗透在我们日常前理论生活的方方面面。鉴于这一态度重大的基础性地位和弥漫性影响，胡塞尔称其为自然态度。什么是自然态度？怀有这种态度，意味着不假思索地以为，这个我们在体验中所遭遇的世界，也同时相对于我们独立实存着。尽管将实在视为一个独立持存的存在物的做法是多么地自然而然、显而易见，但只要哲学还应当称得上是一种具有彻底形式的批判性阐释工作，它便不能随便将这种自然实在论的论调视为理所应当。只要哲学还有资格算得上是一种穷究至极的追问，它便不能轻易对现成的答案有所青睐。如果我们想要采纳现象学态度，并进行现象学式的哲学思考，那么我们就必须要从我们素朴的、未经省察的、沉浸于世界之中的状态抽身而出，后退一步，并把我们"认为这个世界具有独立于心灵的实存"这一条不由自主的信念悬置起来。悬置上述态度，并注意到如下这一事实：实在总是在某个视角下得以显现并接受考察的——如此一来，实在并没有从视野中消失，反而只有这样它才首次为哲学考察所通达。

可为什么又有许多人把悬搁解释为一种排除了存在论断言、无视了有关存在问题的追问的做法呢？胡塞尔本人是要为某些误解负一点责任的。比如说，在《危机》一书第 52 节里，胡塞尔一开始写道，悬搁把全部世界内的旨趣都给括了起来：

由于任何关乎世界之存在、现实性或不存在的旨趣，也即任何在理论态度下追求关于世界的知识的旨趣，乃至任何通常所谓实践的旨趣，都把其特定境况下的真理当作前提，因而它们都会遭到禁止。⑥

37　但是，就在下一页，他又解释说，上文的说法是有误导性的：

在悬搁所重新确立的态度下，我们没有丧失任何东西，一切世界性生活中的旨趣、目的，因此也包括一切知识目的，都完好无损。但就这些东西而言，它们在主体一侧的本质相关项得到了展示，因而客观存在以及一切客观真理的完满而真实的存在论意义由此确定了下来。⑦

胡塞尔又进一步解释道，对悬搁的最大误解之一，就是把它看成是包含了对"一切自然的人类生活旨趣"的"逃离"。⑧实际上，所谓的"排除世界"，并不是把世界给排除了，而是去排除某种有关世界之形而上学地位的素朴成见。简言之，现象学家必须停止对世界的素朴设定。⑨世界并没有因为悬搁而消失。悬搁并不包含对世界之存在的悬置，而是旨在让我们能够去对世界与心灵之间的基本关联展开一番探索。其实，胡塞尔相当明确地表示，一旦采纳了现象学态度、参与了现象学反思，我们的研究领域应当是得到了扩展而非遭受了限制。在《危机》中，胡塞尔甚至认为，进行了悬搁，就好比是从扁平的二维生活转入了立体的三维生活。⑩一旦执行了悬搁，我们理应造成一种整体形态上的转换（gestalt shift）、一种视角的转变，这种转变使得新的洞见成为可能，以此增长了我们的见解。

不过严格说来，悬搁只是迈进现象学大门的第一步。紧随其后执行的是胡塞尔所谓的先验还原。首先，我们悬置自然态度，或者说把它用括号给括起来，不再单纯把实在看成无可置疑的出发点，这样一来我们便注意到，世界内对象是如何向我们显现，并带着何种意义向我们显现。而正由于我们分析了世界内对象是如何并带着何种意义向我们呈现，我们也就得以发现了各类意向行为以及体验结构，而一切有所显现的对象都必须在与这些行为和结构的关联中才会得到理解。我们这才意识到我们自身的主体成就与贡献，意识到意向性，因为正是在后者的运作下，各个世界内对象才得以如其所是地、并伴随着它们自身所具有的有效性和意义而显现出来。38当胡塞尔论及先验还原的时候，他想说的其实正是那种对主体性和世界之间关联关系的系统性分析。这是一种战线更为绵长的分析，它会把我们从自然领域带回到（re-ducere，返回-引领）该领域的先验基础。⑪ 因此，悬搁和还原都可以被视为哲学反思的基本要素，这一反思的目的，在于让我们从自然的（或毋宁说自然主义的）独断论中解放出来，并让我们觉知到我们自己参与其中的构造性活动，觉知到我们所有人到底在多大程度上参与到了这一构造进程之中。

先 验 哲 学

胡塞尔强调上述反思性举措的不可替代性，这等于是在承认自己归属于一派所谓先验哲学的哲学传统。在这一派哲学思考方式下，哲学思考的目标不是去对世界内对象进行任何直接的一阶性研究来揭示出新的事实，仿佛哲学家的工作跟植物学家或海洋生物学家的工作并无二致。针对实在所展开的真正意义上的哲学探索，并不在于把整个宇宙所包含的内容像开清单一样一一列个明白，而是在于对某事物可以算作实在所要满足的条件做出解释。哲学任务并非在于直接素朴地假定客观世界的现成存在性质，而毋宁说在于首先阐明像客观性这样的东西本身是如何得以可能的。世界是如何获得其真实性、客观性的？世界被给予在体验之中，却是作为一种超越于该体验之外的东西被给予的，这一点是何以可能的？

　　当我们采纳现象学态度的时候，我们并没有将我们的注意力从世界上撤离并将之转向我们自己的体验生活，我们并没有将目光向内探寻，以便审视那些在某个私人的内部领域所发生的各类情形。我们如今依然对世界内对象保持关切，但是却再也不会用一种素朴的方式来考察它了；相反，我们恰恰就其被意向、被给予，亦即就其作为体验的相关项而言，来对它加以关注。我们注意到的，是这些世界内对象如何向我们显现，并带着何种意义向我们显现。胡塞尔之所以对意识感兴趣，是因为意识揭示着世界；意识不仅仅是世界之中的对象，它同时也是一个朝向世界的主体，即任何存在者要如其所是地、带着其具有的意义显现为一个对象所需要满足的一项必要的可能性条件。

39　　因此，现象学的目标，与其说在于仅仅对心理学领域展开非常有限的探索，毋宁说是对实在和客观性给出一套真正的解释。认为胡塞尔现象学把存在、实在这类论题留给了其他学科分支来研究，这种解释既不尊重也没有如实反映胡塞尔本人在这一问题上的主张。正如胡塞尔在《笛卡尔式的沉思》第 23 节所说，有关实存与非实存、存在与非存在之类的问题，都是现象学会涉及的主题。⑫

　　悬搁与还原并没有让实在从视野中消失，相反，正是它们使得实在得以接受哲学式的考察。在《时间概念史导论》这部早期讲课稿中，海德格尔讨论了胡塞尔的现象学方法论，并在其中给出了下面这段非常精准的刻画：

　　　　这种给存在者加括号的做法并没有从存在者本身剥夺任何东西，也并不是在声称存在者不存在。这种视角扭转的意义正在于呈现出存在者之存在。这种针对超越设定的现象学悬置只有一个功能：使存在者就其存在得以呈现。因此，人们总是错误理解了"悬置"这个术语，因为他们认为，在存在设定的悬置过程中，以及通过这样一种悬置，现象学反思就和存在者毫无瓜葛了。刚好相反：正是以一种极端而独特的方式，存在者本身的存在规定才真正成为了我们的研究对象。⑬

胡塞尔一再强调，要是谁把悬搁和先验还原看成是无关紧要的古怪之举，那么他就永远不会搞清楚现象学工作到底是在做什么。但后来的现象学家会作何想法呢？毋庸置疑，无论是海德格尔还是梅洛-庞蒂，他们都常常提及悬搁和还原。可这到底是因为他们都在拒绝胡塞尔的方法，还是因为他们把这些方法视为理所应当的呢？在《观念 I》第 27 至 33 节中，胡塞尔细致地描述了自然态度，并认为，只要我们还继续在前哲学的自然态度中素朴地生活下去，世界与我们之间所具有的关联的基础性结构，以及我们自身主体性的特殊性质，就都会一直遭到遮蔽。正是由于悬置了自然态度，我们才得以　40

发现，我们的主体性绝非只是又一个在世界之内存在着的对象。

如果我们把视线从《观念I》转向《存在与时间》，我们会发现海德格尔给出了颇为类似的论述。对海德格尔而言，遗忘自身并将自身对象化，是日常生存的基本特质。我们的自身领会总是被我们自己对于世界内事务的常识性理解给牵着鼻子走，并由此后者把前者给遮蔽了起来，这是我们所有人的倾向。[14] 而现象学恰恰可以被视为针对这种扁平化的自身理解所做的一场斗争。这也就是为什么海德格尔会在《存在与时间》中声称现象学分析的特点正在于某种程度上的"暴力"，因为只有和此在自身特有的那种爱把事物遮蔽起来的倾向展开直接的斗争，我们才能在这一斗争过程中赢得对此在之存在的揭示。[15] 海德格尔还讨论了我们的日常生活是如何在习俗性的规范和标准的安排下得到归置的。一切事情都已经被别人给理解妥当、解释妥当了，而我们总是倾向于不加批判地便把流俗的判断和评价伸手拿来。只要不去针对这些判断和评价展开质疑，我们就会感到非常安全、非常舒适，也不会有真正的契机去开始追问那些根本性的、悬而未决的大问题。但是，某些情形——比如，无比焦虑的时候——会让日常的熟悉感轰然崩塌，甚至让我们最为亲熟的环境也都变得陌生而诡异。在这些情形下，就那么一直依赖我们对于世界的习俗性理解是无以为继的。[16] 在这个意义上，焦虑可以被视为一场事变，它会摧毁我们自然而然的缺乏思考的生活状态，并驱使着我们置身于哲学追问之中去。

而当我们把视线再转向《知觉现象学》，我们会找到梅洛-庞蒂的下列说法：

　　由于我们始终和世界关联在一起，我们要想看见自己，唯一方式就是把这一运动给悬置起来，拒绝参与到这一运动之中（或者像胡塞尔常常说的那样，在 ohne mitzumachen［不参与］的情况下观察它），或者说，使之失效。这并不是因为我们不管不顾自然态度下和常识中的各种确定性——相反，它们是哲学的永恒主题——而是因为作为每一个思考活动的前提，它们被视为"理所当然"的，悄悄溜走而未经注意，因为我们必须要抑制它们一段时间，才能够唤醒它们，并使之显现。还原的 41 最佳表述或许是胡塞尔的助手欧根·芬克所提出的面对世界的"讶异"。反思并没有从世界中抽身离去，回到意识统一性，并以之为世界的基础；相反，它向后退了一步，以便看到超越者涌现而出，它也松缓了把我们和世界关联起来的意向性紧绳，以便使之显现出来；反思之所以意识到世界，仅仅在于它把世界揭示为陌生的、悖谬的。⑰

我们还能在该书中找到梅洛-庞蒂的如下主张：如果我们要正确地理解世界，那么我们就有必要放弃掉我们对世界的那种习以为常的接纳状态，而另一方面，只要我们依然不去质疑世界的绝对实存（亦即独立于心灵的实存），那么对意识的正确研究也就无从开展起来。⑱

　　无论是海德格尔还是梅洛-庞蒂，两人都不会认为现象学的任务就是去对对象或体验进行尽可能准确而详密的描述，也不会认为现象学就是去在各类现象所具有的全部实际情形中对它们加以研究。对于他们两人而言，和我们能在实证科学里所发现的态度相比，哲学态度是相当不同的，这一态度正构成了哲学的基本特质。对于胡塞尔来说，他正是用了悬搁与还原这样的术语，来刻画出为了获得哲学思考所应当具有的态度而有必要采取的反思性举措。尽管就胡塞尔的整体设想而言，海德格尔和梅洛-庞蒂都在不少细节问题上跟他有不同意见，但是就这种反思性举措来说，后两者是全然同意胡塞尔的。梅洛-庞蒂和海德格尔都认为，实证科学把某些有关"实在有着相对于心灵的独立本性"这一论点的想法视为理所应当，并认为用不着对这些想法进行批判性考察。但现象学就在于对这种客观主义展开质疑，并带着一种独特的眼光，去考察一切对象，科学发现、文化成就、社会制度等事物是如何将自身呈现或说显现给我们的。如果身为现象学家的我们想探究基础存在论的问题，那么，按海德格尔的说法，我们就必须通过研究此在对存在的领会来进行；也就是说，我们得"就存在进入了此在之理解性而言"来对存在进行研究。[19]

　　胡塞尔和后胡塞尔现象学家之间的关系依然颇有争议。像海42 德格尔和梅洛-庞蒂这样的重要人物，他们在多大程度上持续地受到了胡塞尔的正面影响？面对这类问题，各路观点依然有不小的分歧。尽管卡门（Carmen）声称，"不能把海德格尔的基础存在论理解成是胡塞尔哲学的单纯补充或延续，更别说是'转译'了"，[20] 梅洛-庞蒂却认为，整部《存在与时间》不过是对胡塞尔"生活世界"观念的进一步发挥。[21] 而尽管梅洛-庞蒂自己也曾反复强调过胡塞尔对自己的正面影响，有时还表示，自己的工作只是去进一步把胡塞尔晚期哲学的可能后果给发掘出来，去思考后者的"未曾思及之思"，[22] 但许多梅洛-庞蒂研究者都坚持认为，梅氏有理由极力推崇

的那个胡塞尔，主要是他本人哲学的外推而已。㉓

　　诚然，胡塞尔、海德格尔和梅洛-庞蒂三者间确实有许多重大差异。无论胡塞尔对海德格尔和梅洛-庞蒂造成了多大的影响，后二者还受惠于哲学传统中的其他核心人物，比如亚里士多德、笛卡尔、克尔凯郭尔、尼采、柏格森以及萨特。但是，海德格尔与梅洛-庞蒂各自和胡塞尔之间的许多分歧都是在一些共同预设的语境之下发生的。他们之间的分歧是内在批评，是现象学阵营内部的批评，而不是与这个阵营的决裂，或说对该阵营的彻底拒斥。换句话说，想要搞清楚海德格尔与梅洛-庞蒂思想中的现象学因素，并对此加以正面评价，对胡塞尔的熟稔始终都是不可或缺的。

本章注释

① Husserl 1982: 211.

② Husserl 2001b: I/168.

③ 转引自 Steegmuller 1949: 60。

④ Spiegelberg 1965: 170; Scheler 1973: xix.

⑤ Heidegger 1985: 72.

⑥ Husserl 1970: 175.

⑦ Husserl 1970: 176.

⑧ Husserl 1970: 176.

⑨ Husserl 2002: 21.

⑩ Husserl 1970: 119.

⑪ Husserl 1960: 21.

⑫ Husserl 1960: 56.

⑬ Heidegger 1985: 99.

⑭ Heidegger 1996: 18.

⑮ Heidegger 1996: 187, 287, 289.

⑯ Heidegger 1996: 175.

⑰ Merleau-Ponty 2012: lxxvii.

⑱ Merleau-Ponty 2012: 59–60.

⑲ Heidegger 1996: 142.

⑳ Carman 2003: 62.

㉑ Merleau-Ponty 2012: lxx.

㉒ Merleau-Ponty 1964a: 160.

㉓ Madison 1981: 170; Dillon 1988: 27.

进阶阅读指南

· John D. Caputo, "The question of being and transcendental phenomenology: reflections on Heidegger's relationship to Husserl." *Research in Phenomenology* 7/1, 1977, 84–105.

· Steven Crowell, "Heidegger and Husserl: The Matter and Method of Philosophy." In H.L. Dreyfus and M.A. Wrathall (eds.), *A Companion to Heidegger* (pp. 49–64). Oxford: Blackwell, 2005.

· William J. Lenkowski, "What is Husserl's epoche? The problem of beginning of philosophy in a Husserlian context." *Man and World* 11/3–4, 1978, 299–323.

第四章　科学与生活世界

　　对许多现象学家来说，现象学的任务并不是去描述体验中的、
实际情况中的特殊情形，而是去研究本质结构，用这些结构来刻画
出我们的体验、体验相关项以及二者间联系所具有的根本特质。身
为哲学家，我们要关心的首先不是偶然特征和偶然属性，而是那些
必然的、不变的特质。我们并不关心知觉一枚十美分硬币和知觉一
枚便士这两个知觉活动之间的差异，也不关心欲求红葡萄酒和欲求
白葡萄酒这二者之间的差异；我们关心的，是一般而言知觉和欲求
所具有的根本特征。知觉一枚十美分硬币，和知觉一枚便士，两者
在某些方面确实有差异，但是二者也有共性，而正是这一共性使得
这两个活动是知觉活动而非想象或回忆活动，我们的分析应当力图
揭示的也正是这样的共同特质。可我们又该怎么做呢？就某个被
给予的领域而言，我们怎么才能够洞见到该领域的本质结构呢？

　　在回答这个问题之前，我想先强调这样一个事实：我们有能力
把次要的、偶然的性质和更为本质的、必然的性质区分开来；这种
能力不仅仅在哲学和科学研究中发挥了核心作用，我们也能时常在
日常生活中毫无障碍地加以运用。不妨打个比方，设想一下我们
去买一把新牙刷的场景。站在药妆店前，看着货架上琳琅满目的模 45
型，哪怕它们在颜色和尺寸上都多少有些差异，我们也立马就能够

把它们辨认成不同种类的牙刷。同样，在寻找某本特定的书籍的时候，哪怕有人把它放在了别处，位于另一个和此前不同的空间点位，我也会毫不困难地再次找到它。对于这本书的同一性而言，空间位置是次要的，其本性并不会随着位置的变动而轻易发生转变——这一点我是立刻就能够认识到的。

本　质　主　义

在研究本质性结构的过程中，本质变更（eidetic variation）是胡塞尔所采用的思想工具之一。其要旨在于，以被给予对象为出发点来发挥我们的想象力。通过变更我们眼下的研究对象，把该对象想象成是和实际情况有所不同的样子，我们便能够慢慢地剥离掉它的次要属性，由此找到某些性质或特征：除非我们的研究对象不再是它所是的那一类对象，那么，这些性质是不会发生改变的。我们再回到书的例子上来：我可以改变封面的颜色和设计，我可以增添或删减书的页数，我也可以改变其尺寸和重量，等等。在执行这一操作的过程中，我既要依赖于我自己此前对书籍所拥有的体验，也要依赖于我的想象。到最后，我们会界定出某组性质，这一组性质属于书籍本身，而一旦这些性质发生了改变，这本书也就不再会成其为一本书了。因此，这种在想象中发生的变更可以帮助我们揭示出构成对象之本质的不变结构。[①]

尽管胡塞尔有时会声称上述进程会产生所谓的本质直观（Wesensschau），但我们切不可误解了这种说法。其一，胡塞尔并不是在说，现象学家有着某种神秘的知识源泉，可以从中获取永不出错的洞见。本质变更可以被视为某种在想象力的引导或帮助下实现的概念分析，它和体验性工作或实验性工作有非常大的差异，不能为后者所取代。这是一个劳心费力而永无尽头的过程，并且在许多情况下，这个进程所得出的结果都是可以被进一步反驳和修正的。简言之，在这个过程中并没有人宣称其结论是颠扑不破的。相反，个中洞见总是具有某种暂时性、假定性，这些洞见必然会在新的明见性的指引下始终愿意接受未来的进一步修正。② 其二，胡塞尔有时会把他所谓精确本质和形态学本质区分开来。③ 在纯粹数学和其他精确科学中，我们能够以极大的准确性对事情做出界定，但在人文科学与社会科学中，一种本质上的模糊性则是这些学科中不少研究对象的基本特质，这些对象拥有的就是形态学本质。因而，就其本性而言，我们对这些对象的归类和界定便都是近似的。若是要把我们在几何学中所运用的精确性、准确性按同等程度强加到生活世界中的对象上去，那便是在对后者施加暴力。其三，就现象学的工作目标而言，胡塞尔当然不认为它要做的是去揭示出诸如婚姻、选举、单簧管或者橡树这类事物的所谓的本质结构。毋宁说胡塞尔是在一个更高层次的普遍性上去探索那些更为根本的论题。生活世界、意向性、具身性、时间性，它们的本质结构是什么样的？知觉和想象的区别在哪里？物理对象本身的基本特质是什么？它又是如何与数学对象、心理活动相区分开的？

把胡塞尔对不变的普遍结构的存在承诺和另外两种与之截然对立的立场区分开来，或许能帮助我们加深对前者的理解。一方面，我们不应该把胡塞尔版本的本质主义和那种已经在种族研究、后殖民研究和女性研究中饱受诟病的（社会学-生物学）本质主义给

46

混淆起来。在后者看来，种族、民族、性别等东西都是些牢固的、既成的、非历史性的规定性。在这种观点看来，一个父亲、一个丹麦人或一个犹太教徒就应当有着某些牢固不变的、为一切时代的一切父亲、丹麦人、犹太人所共有的属性。与此相反，在接下来的章节中，我们会看到，胡塞尔非常清楚诸如此类的观念是如何受到历史变迁和文化差异的制约的。

　　另一方面，我们也必须要把胡塞尔的观点和一部分社会建构主义者鼓吹的相对主义对照起来。试举一例言之。在《建构主义宣言》(*The Constructivist Credo*)中，林肯与谷巴(Lincoln and Guba)主张，相对主义是建构主义的基本存在论前提，客观性是捏造出来的海市蜃楼，人文科学的研究对象并不"真实"存在，因为它们都不过只是习俗的产物，仅仅存在于思考它们的人的头脑之中。④ 要是忽视了这种论调和胡塞尔以及其他现象学家所支持的立场(或各种立场)之间存在的重大差异，便会导致严重的错误。

　　鉴于某种形式的本质主义已经广泛地遍布在科学和哲学(或哲学史)中的各个角落，我们要切记，不能把现象学哲学中所特别关心的本质结构和前述本质主义混淆起来。我们也不能对本质变更和先验还原等量齐观。尤其是认为前者优先于后者，这是一个极为严重的错误。

　　在前几章中，我们已经看到，现象学家如何想要回到事情本身。这条口号意味着我们的研究应当是批判性的、非独断的，且远离形而上学思辨。引领我们研究前进的，不应该是我们在理论承诺的前提下所预期要找到的东西，而应该是实际被给予的东西。决定我们研究方法的，应该是我们手头的研究对象，而不是把某种特定科学理想奉为圭臬。正如海德格尔在《什么是形而上学?》中所说,把科学的严格性和数学的精确性给当成一回事是错误的。⑤ 我们不应该随随便便就假定,那些无法以数学的精确性加以分析的领域,其研究价值就更低,甚而声称其研究内容更不真实。

　　我们也能在胡塞尔那里找到类似的想法。在《形式逻辑与先验逻辑》中,胡塞尔就告诫过我们谨防拜倒在精确科学的方法和范式之下,仿佛它们就构成了何为真、何为实在这类问题的绝对规范。⑥ 与其让既定理论来框定我们的体验,不如应该让对于对象的体验来引领我们在理论上的选择。我们应该让现象自己说话:

　　　　真正的方法遵循所研究的事物之本质,而不是我们自己的偏见和概念预设。⑦

　　　　我们并不是在要求各位要去亲眼目睹,而是在要求大家哪怕在偏见的压力下也不会把自己亲眼所见给解释得面目全非。⑧

正如胡塞尔所言,科学家们当然可以运用比起小商小贩来说更为精确的衡量单位,但这一精确度依然有其自身的局限性。而实际上,这种精确程度对于交易者来说也没有什么意义。如果你想要卖一公斤的橙子,你不会想要也没有必要以微克为单位来进行称量。在什么意义上才算是足够充分、合适、准确,这要视具体情境而定,并不能用绝对的术语来框定死了。⑨

　　可这些不都是些无甚争议的小事吗? 并非如此。在现象学看来,实在(reality)非常复杂,它由种种不同的存在论领域所构成(例如包括理念对象、自然界、文化等领域)。对于这些领域的任何研究都应尊重其独有特点和不同之处,并运用适用于该领域的研究方法。⑩ 因此,一直以来现象学都在直言不讳地批评一系列略有重合的不同理论立场,包括还原论、取消主义和自然主义。

要么还原,要么取消

　　科学还原论把不少方法论原则当作其理论动机,其中就包括著名的奥康剃刀:如无严格必要,不假定过多对象类型(或存在论领域)之存在。假设有数个理论,其中每个理论都处理划归它自己的(看上去)不可还原的一部分实在领域;同时又有一个单一理论,它能够将较为复杂部分还原成不太复杂的部分,并通过这种方式对实在的不同部分提供一个系统性解释。若要在二者间进行抉择,我们应该选择后者。这不仅是因为某个理论更为统一、更为系统、更为简单,就能在理论上更能让人满意,还因为该过程中所执行的还原理应具有更强的解释力。若一系列性质能够被还原成另一系列性质,那么我们就可以用后者来解释前者。试图诉诸微观性质(比如分子构成)对物体诸如温度、透明度、可溶性或弹性之类的宏观性质来进行解释,这是自然还原论的经典案例。其后的一个基本预设实际上是这样的:要想回答"X 是什么"这样一个问题,那么,我们应当把这个问题重述为"如何能够把 X 还原成某种可以被物理学、化学、神经生理学等学科所理解的东西"。此外,还存在着这样一个预设:除非我们能给出这一问题的答案,除非我们能成功地把研究中的现象加以还原,不然这一现象就并不具有实在性。我们可以在杰瑞·福多(Jerry Fodor)那里找到这一观点的基本表述:"作为 意向性实在论者的同时,某种程度上又不是还原论者[……]我很 49 难看出这是怎么办到的。[……]如果有关性是实在的,那么它实 际上必定是别的东西。"⑪这条预设也就等于是在说,只有还原论解 释,比如说针对意识的还原论解释,才能告诉我们有关意识之本性 的真正洞见,而只有在我们有可能给出这样一种还原论解释的情况 下,意识才会具有实在性。

取消主义者和还原论者有着不少相同的关切。只有那些能够 用自然科学的方法和原理来加以解释的东西才能被看成是实在的。 但是,和还原论者不同的是,取消主义者认为意识不能够被还原成 诸如神经生理进程。在取消主义者眼中,这种还原是不可能做到 的。不过,取消主义者并没有得出那个看上去自然而然的结论,即 意识不可还原。其结论截然相反:意识不存在。对取消论唯物主义 者而言,我们的信念——即认为诸如"欲望、恐惧、感觉、快乐、痛 苦等"⑫东西确实存在——只不过是理论假定,拼凑在一起构成了 一套粗浅的心理学理论。这套粗浅的理论经受不起当代科学的考 验,并不是一套可信的心理学理论,因此应该遭到拒斥,一如我们 当年拒斥炼金术和颅相学那样。简言之,之所以不可能把意识还原 成相应的自然属性,是因为前者根本不存在;意识并不是实在的东 西,而仅仅是如同独角兽和雪怪那样的虚构物罢了。

科学自然主义则可以在方法论承诺和存在论承诺两方面同时 加以区分。其方法论承诺在于:正确的研究程序和论证的正确类 型,就是那些在自然科学中所发现并加以运用的。一切真正的问 题,都是自然科学问题;一切真正的知识,都是通过自然科学手段所获得的客观知识。正如伽利略所言（胡塞尔将他视作这一思想倾向的早期人物代表）：

> 哲学写在宇宙这本大书上，而宇宙始终毫无遮掩地伫立在我们眼前。可是，除非我们首先掌握了这本书的写作语言，并且能识读这本书上的文字，否则我们是读不懂的。这本书的写作语言是数学，其文字符号是三角形、圆形以及其他几何图形。如果没有这些图形，人类连书上一个字都搞不明白；没了它们，我们就是在一片漆黑的迷宫中徘徊游荡。⑬

从历史上来看，这类想法通常会和如下存在论承诺同时出现：实在仅仅是由自然科学所认可的（或者说所能够认可的）实体、性质和结构所构成的。这个说法的最初形态是这样的：物体的形状、尺寸以及重量，即那些可以用数学精准度加以定量描述的特质，是客观性质；而物体的颜色、口味、气味都是缺乏独立于心灵的实在性的主观现象。这套对第一性性质和第二性性质的经典区分在历史上一步步地被彻底化，最终导向了如下的观点：不单是显现出来的事物所具有的某些性质缺乏客观性，任何显现出来的东西都缺乏客观性。体验中的整个世界都是主观建构的产物，是对隐藏其后的物理原因的虚幻描绘。如果科学想要解释实在的真正本性，那么，它就得跨越到一切在现象学意义上被给予的东西背后去。我们生活其中的这个世界，我们在体验中所熟识的这个世界，和科学世界相当不同，而只有后者才可以称得上是实在的。

　　把这两种承诺结合到一起，便形成了这样一种看法：一切真理都是自然科学真理，一切存在着的东西（包括与人类生活相关的一切，譬如意识、意向性、意义、合理性、规范性、价值、文化、历史等）必须要以自然科学的方法来加以研究，且终究在解释上和存在论上都要还原到自然科学事实上去。

当然了，我们拿来讨论的只是一些极端立场。要是那个共同的口号"要么还原，要么取消"果真是对的，那么，许多社会科学和人文科学里面的解释都将被视为伪解释，并不具有任何真正的科学价值。此外，社会科学与人文科学所研究的许多对象和现象是否具有实在性，这一点也会被打上问号。不妨想想诸如金钱、邮票、交响乐、市政选举或内战这样的现象。很难想象，如何能够用神经生理学、生物学或物理学的原理来对作为政治、文化、社会以及经济现象的叙利亚内战给出一个充分解释。可要是这个口号是对的，严格说来，我们就不得不做出这样一个结论：叙利亚内战从不存在。可这难道不是荒谬的吗？用一个简单的归谬法，得出了这个结论，我们不就表明了这一口号的问题所在吗？

51

生 活 世 界

在对科学世界之地位展开反思的过程中，现象学家经常强调生活世界的重要性。什么是生活世界？有必要重新恢复生活世界的地位，这句话说的是什么意思？顾名思义，生活世界就是我们所生活其中的那个世界。它就是我们在日常生活中视为理所当然的那个世界，它就是那个前理论的体验世界。对于这个世界，我们每个人都习以为常，通常情况下也并不会对它发起追问。为什么需要去恢复它的地位？因为生活世界已然被科学所遗忘、压抑，而前者却构成了后者的历史性、体系性基础。哪怕是最精确、最抽象的科学理论，都要从生活世界中的前科学明见里汲取资源。在追寻客观知识的过程中，科学把它所具有的那些能胜过身体性、感官性、实用性体验的能力作为优势给充分利用了起来，但也却常常忽视了，在很大程度上正是这同一些体验给它赋予了这种能力。毕竟，通常说来，"物理学家们按照物理学方法想要进行探索并给出科学界定"的东西，不是别的，正是这些被知觉到的日常对象。⑭ 我在天空中观测到的天体、我喝的水、我喜爱的花朵等事物，也正是自然科学家正在研究的，后者试图用一种尽可能精确和客观的方式，来界定出这些事物的真正本性。即便在某些场景中，科学研究的对象已经大幅度远离了我们的日常实践活动，但在制订实验计划的时候，在读取测量仪表的数据的时候，在和其他科学家一起解释、比较并讨论研究结果的时候，我们所共享的那个生活世界也还依然始终保持运转。尽管就精确程度和抽象程度而言，科学理论早已取代了那个具体的、在直观中被给予的生活世界，可是后者始终是我们需要回溯的源头活水。

　　一个误区在于，把生活世界和科学世界之间的关系看成是一种静态关系。科学从生活世界中汲取资源，但也对生活世界施加影响，其理论洞见会逐步被后者吸收并整合进其中。史特拉瑟（Strasser）曾把生活世界比喻成一片肥沃的农田。田地可以滋养出硕果，同理，生活世界也能滋养出理论知识。而植物凭借土地所获得的生长物会反过来改变土地本身的物理、化学性质，同理，以生活世界为基础的理论性理论也会给生活世界带来改变。⑮

现象学家彰显了生活世界的重要意义，但这并不意味着他们是在抨击科学。现象学并不是要使尽浑身解数来质疑科学的价值，也未曾矢口否认科学研究能带来新洞见并拓宽我们关于实在的理解。但现象学家的确要拒斥这样一种观点：自然科学可以对实在给出一套彻底的解释。切记，这并不意味着现象学要反对量化方法和量化研究本身。这些研究和方法非常出色，但这种出色表现仅限于处理量化问题的场景。对现象学来说，某对象是否具有实在性，这个问题并不取决于该对象是否能够符合量化科学的"普洛克路斯忒斯之床"*。我们的体验世界本身就具有判断是否有效、是否为真的标准，无需等待科学的审批。其实，科学研究的发现和日常体验的发现并不一定会相互发生矛盾。就它们各自的标准而言，它们可以同时都是真的。更普遍地说，在现象学家眼中，体验世界和科学世界之间的差异，并非我们眼前的世界（the world for us）和独立的自在世界（the world in itself）之间的差异，而是两种世界显现方式之间的差异。科学世界并不是一个孤立自在的世界，一个位于显现世界的背后或之下的世界。毋宁说，科学研究的世界和日常体验的世界是同一个世界——即，有所显现的实在——只不过前者是在科学语境下得到研究和探索的。那个能够向我们显现出来的世界，是唯一实在的世界，无论它是显现在了知觉体验、日常事务之中，还是科学分析之中。声称在这个世界之外还存在着一个潜藏在帷幕之后的世界，后者超越了一切显相，超越了一切体验性或理论性的明见，并

---

　　*　普洛克路斯忒斯是希腊神话中的一个开黑店的土匪铁匠，相传他会把路人诱至一张铁床上过夜，用床长丈量他们的身长，不足就强行拉长，多了就强行砍掉。西方后世就用"普洛克路斯忒斯之床"（Procrustean Bed）代指脱离实际、削足适履的武断标准。——译者注

把这个背后世界当成真正的实在，这种做法只会遭到所有现象学家的拒斥。把真正真实的实在界定成我们体验背后不为人知的原因，并认为像知觉对象这样的东西只不过是另一些不同的隐秘对象的纯粹符号，其真正的本性必定是不为人知的，永远都无从把握，这样的做法只会被胡塞尔当作讲神话故事罢了。⑯我们不应该将客观实在界定为自在存在的东西，不应该把万事万物在我们眼前的样子和它们原本的样子区分开，从而坚称只有对后者的研究才真正具有重大意义，而应该直面如下事实：客观性是同时牵涉了主体性和交互主体性的运作成就。对于胡塞尔而言，主体性（以及交互主体性）并不是客观性的对立面，它并没有构成获取科学知识的障碍；相反，它是一项必要的可能性条件。胡塞尔完全认同具有此世性质的客观性、实在性概念，并因此对那种主张"世界完全有可能既按照当下方式向我们显现，而与此同时其真实情况全然是另一个模样"的怀疑论完全不屑一顾。实际上，对胡塞尔来说，界定事物之客观性，并不是看它是否具有相对于心灵的独立性，而是视它和各个心灵所构成的共同体之间的关系而定。客观性是主体间进程的结果。它是我们在结束探索时通过一致同意而实现的。

坚称只有自然科学所知道（或者说所能够知道）的对象和事实才客观地具有实在性，这种做法不仅无法真正地参与到对何为实在、何为客观性此类哲学问题的讨论中去，还是一种自相矛盾的行为，因为它无法对那些首先使得自然主义本身——作为一种看待世界的特定态度和视角的自然主义——成为可能的体验和认知成就给出一个充分的解释。

科学常常把自己表现为对实在进行客观描述，即从第三人称视角加以描述的企图。这种对客观性的追求当然值得褒奖，但我们也不该忘记，任何客观性，任何解释、理解和理论模型，都预设了第一人称视角作为前提条件。就此而言，认为科学能够给实在提出一套绝对解释，一套完全不受任何理论视角、体验视角约束的解释，这只不过是痴人说梦罢了。科学是一种与世界的特定关联，是自然态度的某种特殊的理论性形态。这种理论态度并非无缘无故从天而降，而是有它自身的前提条件和发生过程（genesis）。它是一种传统，是一种文化产物。它是被由诸多体验主体所构成的共同体所分享的知识，以多方视角的共同作用为前提。这也就是为什么所谓第 54 一人称解释和第三人称解释之间的惯常对立是具有误导性的。这一对立让我们遗忘了这一事实：第三人称的科学性解释，是经由一个由诸多有意识的主体所构成的共同体所达成并产出的成就。没有纯粹的第三人称视角，正如不存在所谓无源之见一样。当然，这也不是说没有第三人称视角，而只是在说，这样一种视角严格说来也是一个从某处出发的视角。第三人称视角是我们能够针对世界而采取的一种考察方式。科学有它在生活世界之中的根基，并从前科学领域中汲取洞见；而且，进行科学研究的正是那些具身化的、植根于环境中的各个主体。如果不存在有意识的主体来进行解释、展开讨论，那么仪表挡位、电脑打印件、X 光片等此类物件便都成了毫无意义的东西。[17] 因此，意识并不是阻碍，恰恰相反，毋宁说它正是探索客观性、追求科学知识的必要条件，其重要性远远高于显微镜和望远镜之类的物件。现象学的任务，并不在于提出一套和科学相抗衡的、有关人类的科学性解释，而是在于，通过细致入微地分析（诸多）认知主体所运用的各种意向性，来澄清我们的科学活动,澄清其合理性以及所实现的各类成就。我们在从事科学活动时所采纳的理论性态度,是如何从我们前理论的"在世界中存在"生发出来,又如何给后者造成了改变?

本章注释

① Husserl 1977: 53–65.

② 若说要举个典型例子,不妨想想电子书的发明是如何改变了我们对于"什么可以算作书"这一问题的认识。

③ Husserl 1982: 164–167.

④ Lincoln & Guba 2013: 39–41.

⑤ Heidegger 1993a: 94.

⑥ Husserl 1969: 278.

⑦ Husserl 1965: 102.

⑧ Husserl 1965: 147.

⑨ Husserl 1969: 278.

⑩ Heidegger 1998: 41.

⑪ Fodor 1987: 97.

⑫ Churchland 1988: 44.

⑬ Galileo 1957: 237–238.

⑭ Husserl 1982: 119.

⑮ Strasser 1963: 71.

⑯ Husserl 1982: 122.

⑰ Velmans 2000: 179.

进阶阅读指南

· Eran Dorfman, "History of the lifeworld: from Husserl to Merleau-Ponty." *Philosophy Today* 53/3, 2009, 294–303.

· Robert Hanna, "Husserl's crisis and our crisis." *International Journal of Philosophical Studies* 22/5, 2014, 752–770.

· Klaus Held, "Husserl's Phenomenology of the Life-World." In D. Welton (ed.), *The New Husserl: A Critical Reader* (pp. 32–62). Bloomington, IN: Indiana University Press.

· Tom Nenon, "Husserl and Heidegger on the Social Dimensions of the Life-World." In L. Učník, I. Chvatík, and A. Williams (eds.), *The Phenomenological Critique of Mathematisation and the Question of Responsibility* (pp. 175–184). Heidelberg: Springer, 2015.

第五章　挖得再深一些：
从表层现象学到深层现象学

　　在考察现象学的发展历程时，有如下一种研究思路：这个历程是在不断地扩展、深化和复杂化胡塞尔早期著作中的基本现象学分析。胡塞尔本人最终把他早年从事的现象学工作称为静态现象学。只要对胡塞尔针对知觉意向性以及知觉和想象间关系的早期初步分析略加考察，我们就会发现，这些分析都是在无视发生性（genesis）和历史性的前提下研究意向关联的。所研究的那一类对象和那一类意向行为，都被视为现成的。此后，胡塞尔日渐发现，意向性主体不仅仅是构造活动的形式性本原，它并不是"一个始终保持同一的僵死极点"①，而对象一侧的情况也不例外。胡塞尔进而着手研究，理智的各种模式是如何逐渐确立的，这些模式又是如何对后续体验造成影响，并使其发生成为可能。在沉淀效应（sedimentation）的作用下，体验在我们这里留下了痕迹，并由此形成了对后续体验起引导和驱动作用的认知图式，以及各种各样的把握、期待样式。某些特定的意向性类型（例如前语言体验）制约着更为复杂的后发意向性类型（例如概念判断）；而至于这些不同的意向性形式是如何在时间中得以生成的，以及如何把更高阶次的对象性回溯到更低阶次形式之中，胡塞尔认为，这些问题都包含在后期他所谓发生现象学的工作里。[②] 不过，发生现象学的论域仍然局 57 限于个体自我的体验生活。在胡塞尔思想工作的最后阶段，他又大胆涉足了所谓世代生成现象学的新领域。[③] 这一领域的研究视野更为开阔，传统与历史发挥的构造作用得到了探讨。既往世代的所作所为是以怎样的方式在我们的个体体验中持续造成影响的？胡塞尔在二十年代的一份手稿中说道，"一切我自己的东西都有其根基，其中一部分奠基于我先辈们的传统之上，也有一部分奠基于我同辈们的传统之上"。[④]

世代生成性（generativity）与传统

若要在胡塞尔本人的写作历程中梳理出上述发展轨迹，我们可以指出这样一个事实：具身性（embodiment）、时间性和社会性这三个论题是如何相互交织起来的，胡塞尔对这一问题日益予以高度关注。我们已经看到，胡塞尔认为就其本质而言，身体必然参与到对空间对象的知觉活动中，并与这些对象相互作用。在他看来，世界是在我们的身体性探索中被给予我们的，而身体又是在它探索世界的过程中向我们显露出来的。同时，胡塞尔很早就意识到了时间性的重要地位，并且辩护了下面这一观点：只要我们忽视了意向行为和意向对象的时间性维度，我们对意向性的研究就永远都不会是完整的。此外，胡塞尔也是最早一批使用了交互主体性这个概念并对其进行了全面、系统探讨的哲学家之一。他在同感（empathy）问题上耕耘了三十余年之久，并最终宣称，现象学必定要从一门"唯我论现象学"发展成一门"社会学现象学"。⑤

在胡塞尔最晚的手稿中，具身性、交互主体性和时间性三者被结合到了一起，得到了通盘考察。交互主体性也有历时维度。胡塞尔甚至认为，主体诞生在一个活生生的传统之中，这一点也会带来某些构造性后果。这不仅意味着我生活在一个充满了与他人关联的、已经被他人赋予了意义的世界之中，也并不只是意味着我要通过某种传统上的、继承而来的、语言性的习常见解来理解这个世界（乃至理解我自己）。世界对我而言之所以是有意义的，恰恰在于其意义源头在我之外，在历史的过去之中。正如胡塞尔在《危机》中所言，对于自我而言，植根于一个单一的历史进程涌流之中——一个由诞生和死亡所构成的世代生成关联体——这一点与自我的时间性形式一样，对自我而言都是必不可少的。⑥

胡塞尔最终把诸如具身性、历史性和交互主体性这样的话题都纳入到了他的先验分析之中，这一点也一定程度上解释了为什么梅洛-庞蒂可以在《知觉现象学》前言中写下这样一句话："胡塞尔的先验，并非康德式的先验"。⑦

晚年胡塞尔对自我、他人和世界三者间交织关系所给出的不少设想，在海德格尔和梅洛-庞蒂的哲学生涯开端处就得到了探索；后者也同样坚称，自我、世界和他人三者密切结合在一起；三者相互指明了彼此的特质，并且也只能在相互关联中得以理解。在一份早期讲课稿中，海德格尔将生活世界刻画为周围世界、共在世界和自我世界这三个领域的相互渗透⑧，并主张，作为世界体验者的此在从来都已经和他人共在（Mitsein）。后来，在1927年的一份讲课稿中，他又说道：

　　此在并不是首先纯粹居住在各种事物之中，然后才偶然地在周围这些事物中发现了具有跟他自己一样存在类别的存在者。相反，作为一种总是关切着自身的存在者，此在同等原初地与他人共在（being-with），且与世界内存在者同在（being-among）。⑨

而梅洛-庞蒂则认为，主体性本质上就直接面向了它所不是的东西，并向后者保持开放，而正是在这种开放状态之中，它向自己揭露了它自身。由此说来，现象学反思所揭示的并非一种封闭自身的心灵、一种纯粹内在的自身呈现，而是一种朝向他者性（otherness）的开放状态，一种外化的、不断超出自身的运动。只有把自己呈现给世界，我们才能把自己呈现给自己；也只有把自己给予自己，我们才能对世界有所意识。⑩ 因此，梅洛-庞蒂坚称，现象学描述所揭示的主体性并不是独立自足的且相互无法通达的，它所展现的，是交互主体生命和世界这二者之间的诸多连续性。主体向自身、向世界、向他人呈现，这一过程并非与主体的身体性（corporeality）和历史性毫无瓜葛；恰恰相反，它正是凭借这两种特质才完成了上述呈现。⑪ 自我、他人与世界三者之间相互交织，这样一种设想会对先验哲学这个概念本身造成不小影响。这一点梅洛-庞蒂已然有了相当充分的认识：

　　先验的和经验的事物之间的界限怎会不变得模糊起来？因为，他人在我身上所看到的一切——我的全部实际性——连同着他人本身都重新整合进了主体性之中，或者至少被设定为

59

主体性定义的一个不可或缺的基本要素。这样一来，先验的事物便下沉到了历史里面去。或者换句话说，历史性再也不是两个或多个绝对自主的主体之间的外在关联，而是具有内在性，并且是主体定义中的固有要素。主体之所以把自己认识为主体，再也不会仅仅由于主体和主体个体自身之间的关联，同时也要由于它们相互间的关联。⑫

　　跟胡塞尔相比，梅洛-庞蒂和海德格尔的现象学工作有什么不同？有一派解读认为，二者是在以一种比胡塞尔本人更彻底的方式来推进一些在胡塞尔那里已经初具规模的设想。

　　相比于胡塞尔，梅洛-庞蒂赋予了具身性与实际性（即我们生存中那些偶然置身其中的状况）更重要的地位，也试图重新审视把心灵和世界二分为先验和经验的传统划分。这一点在梅洛-庞蒂的首部主要著作《行为的结构》(1942)中就已经看得很明显了。在这部著作中，梅洛-庞蒂展开了对经验科学的大量讨论，他还在全书最后一页呼吁人们重新定义先验哲学。⑬梅洛-庞蒂并没有要我们非得在科学性解释和现象学反思之间做个抉择，相反，他更希望我们能够尊重意识与自然之间活生生的联系，能够寻找到一个同时超越客观主义和主观主义的维度。

　　海德格尔对哲学史的阅读远比胡塞尔要精深专注，而且也比胡塞尔更为强调传统对我们当下思考所造成的影响。对海德格尔来说，现象学的重要任务之一是去揭示出某些数百年来在无形之中框定并制约了哲学思考的形而上学概念，并对之加以解构。在海氏本人的现象学分析中，他质疑了理论态度、对象被给予性以及时间性持存的传统优势地位。他认为，胡塞尔始终过于关注逻辑学和知识论问题，因而他所运用的存在概念和被给予性概念都太过狭窄，这是胡氏的一个局限。在海德格尔看来，与其说胡塞尔是随着事情本身的指引去展开研究，毋宁说他追随的其实是传统——具体说来就是笛卡尔主义传统——中的各种预设和论断。由于过分拔高了主动自我的地位，并将被给予性还原成对象被给予性，胡塞尔不仅仅没有能够去揭示出意向主体性所特有的独特样态，也没能充分地探讨那个真正的先验追问：被给予性本身的可能性条件到底是什么？[14] 在《存在与时间》之后的著作中，海德格尔本人与上述问题展开的艰苦缠斗致使他渐渐对自己此前过于注重此在的做法表示怀疑。《存在与时间》时期的海德格尔认为，基础存在论必定植根于人类生存之中，而我们必定要首先研究此在对存在的领会，才能由此进一步探讨存在论问题。但其后，海氏转而认为，要借助于一种更基础的、隶属于存在自身的澄明之境（Lichtung），此在对自身的领会才能够成为可能。正如他在 1946 年的"人道主义书信"（Letter on Humanism）中所言：

　　　人类并不是存在者之主宰。人类是存在之牧人。人类并没有因为这种"少"而失去什么；相反，他们实有所得：他们得到的乃存在之真。他们获得了牧人就其本质而言所应具有的贫穷，而牧人的尊严就在于在存在自身的召唤下去保护存在之真。[15]

至此，我主要把现象学的发展历程刻画为一种研究视野上的逐步延展。当然，人们也可以用某种不同的、更具纵深性的方式来刻画该发展历程。

不可见者的现象学

表层现象学和深层现象学的区分已然成了一种惯例。前者所研究的完全是某些特定类型对象和特定意向行为之间的关联关系，而我们还可以更彻底地把研究进一步推进下去。有时候胡塞尔会说，我们需要像挖矿一般不厌其烦、不辞辛苦，只有这样我们才能发现并揭示，主体的意向性活动如何以各种被动性进程为基础并且受到这些进程的制约，而这些进程都发生在主体性的地下层或说其深层维度之中。⑯胡塞尔非常清楚，对这一层匿名运作着的被动性维度而言，任何描述都会遭遇重重困难，而这主要是因为我们可资使用的概念实际上大都源自于我们和世界内对象打交道的过程之中。因此，在描述体验生活时避免引入过于明确的区分，避免引入过于对象化的结构与范畴，这是个不小的挑战。而正因为意识到了这些困难，胡塞尔才一度强调，主体性之中最为基础的维度"几乎迫近可能描述之极限所在"。⑰

大体而言，胡塞尔当然明白，我们的对象意向性，即指向了对象并专注于对象的意识，并没有穷尽心灵生活的全部内容，而且实际上对象意向性也有它自己各种各样不同的前提条件。胡塞尔对时间意识结构的研究往往被认为是他对最基础现象维度进行刻画和分析的最彻底尝试。胡塞尔投入大量精力研究时间意识问题，其间有一点非常值得我们关注：他最终意识到，除了对象性显现之外还有着别的显现形式（这一点不禁会让人怀疑海德格尔的批评是否公允），而意识流（或说意识之涌动）相当于是某种形式下的时间性自我意识；和那些支配桌椅板凳之显现的原则和结构比起来，时间性自我意识的原则和结构则迥然不同。

海德格尔在《存在与时间》中有个非常著名的说法。他告诉我们，现象学的任务不过就是把那些最先接触到的、最切近的东西从遮蔽之中给揭示出来。实际上，正因为有着那些并不会直接揭露自身的现象，我们才需要有一门现象学。[18]而多年以后，在1973年的一场会议上，海德格尔明确指出，有必要发展一门"非显现者的现象学"。[19]而在米歇尔·亨利的著作中，我们能够找到或许是最为持久的在这一方向上去尽力拓宽现象学边界的不懈尝试。他想要建立起一门所谓的不可见者的现象学。亨利的想法简言之如下：主体性不会在世界内的光照下、在世界内外在性的可见状态下得以揭露；纯粹主体性并不作为一个世界内对象揭示自身，也不能够借助与世界内显相有关的各种范畴来加以准确刻画。相反，亨利指出： 62

> 那个基础并不是某种昏暗晦涩的东西，也不是那种只有在照亮沐浴其中的事物时才变得可知觉的光亮，更不是某种作为"超越现象"的物自身，而是一种内在揭示，一种自身呈现，尽管这种呈现始终是"不可见"的。[20]

亨利并非是要让现象学放弃对显现的关切，转而投身于脱缰野马般的思辨。对他而言，讨论不可见者，并不是去讨论某种永远置身遮蔽之中的、绝不显现的东西，而只不过是要去讨论某类和可见者相比以一种彻底不同的方式显现自身的东西。

现象学不能在对象意向性和对象显现上故步自封，而是需要走出这个问题域，这一点是许多现象学家的共识。之所以有必要这么做，是因为我们最根本的自身亲熟关系并不是一种对象性关联，我们和世界之间的根本关联也不是和某个对象或一个由诸多对象所构成的复杂体之间的关系，而我们与他人之间的本真关联也恰恰是与某个超越了对象化把握的人之间的关系。

尽管上述设想已然可在胡塞尔的文本中初见端倪，但毫无疑问，只有在列维纳斯、亨利和德里达这些后继思想家那里，通过他们对经典现象学研究中有关意向性、时间意识、交互主体性和语言等问题的批判性考察，揭示新的显现类型的努力才得到了彻底推进；也正因如此，他们都为现象学的发展做出了重大贡献。

本章注释

① Husserl 1977: 159.
② Husserl 2001a: 634.
③ Steinbock 1995.
④ Husserl 1973a: 223.
⑤ Husserl 1981: 68.
⑥ Husserl 1970: 253.
⑦ Merleau-Ponty 2012: lxxvii.

⑧　Heidegger 1993b: 33, 39, 62.

⑨　Heidegger 1982: 297.

⑩　Merleau-Ponty 2012: 311, 396, 448.

⑪　Merleau-Ponty 2012: 478.

⑫　Merleau-Ponty 1964a: 107.

⑬　Merleau-Ponty 1963: 224.

⑭　Heidegger 1985: §§ 10–13.

⑮　Heidegger 1998: 260.

⑯　Husserl 2001a: 170.

⑰　Husserl 2001c: 278.

⑱　Heidegger 1996: 31.

⑲　Heidegger 2003: 80.

⑳　Henry 1973: 41.

进阶阅读指南

· Jacques Derrida, "Violence and Metaphysics: An Essay on the Thought of Emmanuel Levinas." In J. Derrida (ed.), *Writing and Difference*, trans. Alan Bass (pp. 79–153). London: Routledge, 1995.

· Martin C. Dillon, "Merleau-Ponty and the reversibility thesis." *Man and World* 16/4, 1983, 365–388.

· Theodore Kisiel, *The Genesis of Heidegger's Being and Time*. Berkeley, CA: University of California Press, 1993.

· Dan Zahavi, "Michel Henry and the phenomenology of the invisible." *Continental Philosophy Review* 32/3, 1999, 223–240.

第六章　梅洛-庞蒂
《知觉现象学》序言

　　就让我用梅洛-庞蒂最广为人知的作品《知觉现象学》的著名序言来为第一部分做个小结吧。这篇序文试图简短地回答"何为现象学"这个问题。鉴于梅洛-庞蒂在论述中同时借鉴了胡氏、海氏二人的洞见，这篇序言非常适合于对这个问题给出一个恰当的回答。

　　正如梅洛-庞蒂首先观察到的，即使胡塞尔第一部著作已经过去了半个世纪，可现象学的明确定义仍付之阙如。实际上，许多既有提法似乎都在指向不同的思路：

1. 一方面，某种形式的本质主义是现象学的核心特征。对不同现象给出纯粹体验性或实际性的解释，并不是现象学的兴趣所在。相反，现象学试图揭示诸如意识流、具身性和知觉等研究对象的恒定结构。可另一方面，实际生存（factual existence）始终都是现象学研究世界和人类实存的出发点。现象学并不仅仅是某种形式的本质主义，它也同时是一门关乎实际性的哲学。

2. 现象学是某种形式的先验哲学。现象学以对体验与认知的可能性条件进行反思为目标，并且，它也悬搁了我们日常生活中各种

自然而然的形而上学假定(尤其是我们对一个独立于心灵存在的 65
世界的假定),以便对这些假定展开批判性研究。可与此同时,它
也承认,我们与世界已然存在着关联,而反思必须要从这个既有
关联出发;切实地理解我们与世界之间这种直接关联,是哲学的
核心任务之一。

3. 现象学力图建立一门具有严格科学性的哲学,但它也肩负着如下
   使命:对我们的生活世界给出说明,并正确看待我们对空间、时
   间和世界的前科学体验。

4. 现象学总是被刻画为一门纯粹描述性的学科。我们的体验是怎
   样被给予的,现象学就怎样进行体验描述。它对这些体验在神经
   生理学或生物学上的根源并不感兴趣,也并不想给出因果解释。
   但与此同时,胡塞尔本人也强调过建立一门发生现象学的重要意
   义;所谓发生现象学,即一门分析意向性结构之起源、发展和历
   史性的现象学。

梅洛-庞蒂指出,在胡塞尔的(先验)现象学和海德格尔的(解释学、
生存论)现象学之间做个简单划分,认为前者的努力方向通常在于
关注认知中各种纯粹的、恒定的条件,而后者则常常是试图去揭示
认知中的历史情境、实践情境,以期克服前述四条中显而易见的差
异,这个方案看上去很有吸引力。可梅洛-庞蒂很快就否定了它,
因为它把事情想得过于简单。正如梅氏所说,我们在胡塞尔思想的
内部就已经能够发现上述所有对立。不仅如此,或者说更为重要的
是,我们在处理的并不是真正意义上的对立面或非此即彼的可替代
选项,而是(正确理解下的)现象学必然包含并整合于自身之中的

互补方面。[①]

在梅洛-庞蒂的阐释下，胡塞尔"回到事情本身"的口号既是在批评科学主义，也是在试图揭示出一种原初的世界关联，这种关联比起科学理性中所显现出来的那种关联还要更为原初。这是在呼唤我们回归知觉的世界，它先于科学中的概念化活动与表达，并构成了后者的前提条件。科学主义想要把我们还原成世界中的物件，一些凭借诸如物理学、生物学和心理学那样的客观化理论就能够彻底解释的物件。科学主义声称，自然科学所提供的方法是认知世界的唯一途径，而无法用自然科学术语加以刻画的东西便是不存在的。可是，就像梅洛-庞蒂所说的那样，我们决不应该忘记，我们对世界的知识（包括我们的科学知识）都是从以身体为支点的第一人称视角所生发出来的；我们也不应该忘记，如果没有这个体验层面，科学将会变得毫无意义。科学论述的根基，是对世界的体验，是体验性的世界，而如果我们想要理解科学的能力及其界限，我们便应当探究对世界的原初体验，而科学只是这种原初体验的高阶表达。科学仅仅片面地关心第三人称视角下所展现的东西；在梅洛-庞蒂看来，这种态度是素朴的，但又具有欺骗性，因为科学活动总已经预设了科学家在第一人称下对于世界的前科学体验。[②]

现象学强调第一人称视角的重要性，这不应当和经典（先验）唯心论的主张混淆起来：后者试图将心灵从世界中抽离出来，以便让脱离世界的纯粹主体构造出世界的丰富特征和具体内容。这同样是一种素朴态度下的做法。主体并不优先于世界，真理也并不是在人的内在领域之中被发现的。没有什么内在领域，因为人就在世界之中存在；唯当居住在一个世界之中的时候，他／她才能借此认识自己。换句话说，现象学反思所揭示的主体性并不是一种遮蔽起来的内在领域，而是一种开放的世界联系。③用海德格尔的话来说，我们所处理的是一种"在世之在"，而这里所谓"世界"也不应当被理解为一种由占据了特定位置的物件所构成的单纯总体，或因果关联的总和，而是应当被理解为那个我们始终置身其中的意义情境。

倘若唯心论是正确的，倘若世界就仅仅是我们的构建产物，那么世界本应该以完全清晰透彻的方式显现。它应当只具备我们所赋予的意义，因而不应当包含任何隐蔽层面，不存在任何意义上的神秘。唯心论和建构主义剥夺了世界的超越性。在这些立场下，对自我、世界和他人的认识也就不再成其为问题了。可事情却远为复杂。

借助于细致的现象学分析，我们会发现，我不仅仅为我自己而存在，同样也为他人而存在，而他人也一样：他们不单是为他们自己，也为我而存在。无论是理解自我还是理解世界，主体都不构成唯一的认识根源。相反，无论是我自己还是世界，二者中都有某些方面只能通过他人才能够得以认识。简言之，我的存在并不仅仅和我如何理解我自己有关，也涉及他人如何理解我。主体性必然是具身的，也必然植根于社会、历史和自然界的情境之中。世界离不开主体性和交互主体性，而现象学的任务正在于从世界、主体性和交互主体性三者间的准确联系来思考这三者。④

我们与世界间的关联相当基本，极为显而易见、自然而然，故而通常情况下我们并没有加以反思。而现象学试图研究的，正是这个日用而不知的领域。现象学的任务并不在于获取有关世界中不同领域的新的经验知识，而是在于理解一切经验研究所预设为前提的基本世界关联。现象学之所以强调某种形式的反思性保留态度——即胡塞尔所谓悬搁和还原——在方法上的必要性,并不是因为现象学想要抛开世界不顾而只去关心纯粹意识,而是因为,只有先略略松开那些把我们与世界联系起来的意向性绳索,我们才能让它们变得可见。正如梅洛-庞蒂所说,世界是奇妙的。它是一份礼物,是一道谜题。可为了意识到这一点,我们必须把日常生活中那种不假思索地视世界为某种理所当然之物的盲目态度给悬置起来。我通常都生活在一种自然而然的、忙碌于各项事务的世界关联之中。但是,一旦身为哲学家,我就不能仍旧逗留在这种朴素的世界沉浸状态中得过且过。我必须和这种状态保持距离,哪怕仅仅是稍稍远离一些,以便我能对此进行解释。这也就是为什么梅洛-庞蒂会认为,对我们的"在世之在"展开分析,需要以现象学还原为前提。⑤

现象学研究从实际情形推进到本质,但本质本身并不是分析的终点。关注本质并不是目的,而是一种手段,以此来对我们实际生存的深度进行理解、概念化并加以表达。关注本质结构,是由于我们想要把实际性中的丰富多彩给刻画出来,而不是因为我们意欲忽视实际情形并从中脱离出来。⑥

意向性分析,即对意识的指向性(directedness)或有关性(aboutness)的分析,常常被称作是现象学的核心成就之一。我们不仅仅是在爱、怕、看、判断,而是在爱其所爱、怕其所怕、看见一个对象、判断一个事态。无论我们讨论的是知觉、思维、判断、幻想、怀疑、期待还是回忆,这些种种不同意识样式都被刻画为对于某对象的意向;若不考虑其对象相关项,即知觉、怀疑或期待对象,那么我们便无法准确分析这些意识样式。因此，对主体而言，触及对象并不是个问题，因为主体之存在就是意向性的。也就是说，主体本身就是超出自身的，本身就指向了某个和它自身不同的东西。现象学极为详尽地描述了我们理论性的对象指向性，但除此之外，它也向我们表明，在一切分析、界定和对象化之前，世界已经被给予。简言之，有一种前理论、非理论的世界关联。正如梅洛-庞蒂所指出的那样，这也就是为什么胡塞尔区分了两种类型的意向性。一种是胡塞尔曾在《逻辑研究》中提到过的行为意向性，这是一种对象化意向性样式。同时也还有另一种更为基础的、被动的或说运转中的非对象化意向性样式，胡塞尔在部分后期研究中对此进行了细致分析。按梅洛-庞蒂的说法，我们无法再进一步解释或分析这种原初的、基本的世界关联。现象学所能做的一切，不过是唤起我们对这种关联的关注，并让我们尊重它的不可还原性。⑦

　　梅洛-庞蒂把现象学刻画为一场持续不断的批判性（自我）反思。现象学不应当不经思考地就有所假定，尤其不该对自己有所假定。换句话说，现象学是一场持之以恒的沉思。⑧梅洛-庞蒂在这里想说的是，现象学始终在前行的路途上。这其实也是梅洛-庞蒂下面这句名言所表达的意思："还原带给我们最重要的教益，便是彻底还原之不可能。"⑨还原必须被看作是一种特殊的反思性举动，而梅洛-庞蒂借此想要表达的无非是：作为有限的存在者，我们无法展开一种绝对的反思，彻头彻尾地切断我们和我们沉浸世界中的生活之间的纽带，以此试图从一个无源之见来观察它。哪怕是最为彻底的反思，也要依赖于并维系在一种非反思的生活之上；正如梅洛-庞蒂所说，69这种非反思生活始终是前者从始至终一以贯之的处境。⑩反思无法彻底执行，这并不意味着它完全无法执行。只不过这一手段需要一而再、再而三地反复操练，并非一蹴而就。就此而言，梅洛-庞蒂既讲现象学的未完成特质，也讲不彻底的还原，这实际上是从两个角度说同一件事。但是，正如他在序文结尾指出，所谓现象学始终未完成，始终在路上，并不表明现象学有某种待弥补的缺陷或不足，而是这门学科的本质特征之一。作为对世界的讶异与好奇，现象学并不是一套僵化死板的体系，相反，它永远在运动。[11]

本章注释

① Merleau-Ponty 2012: lxxi.

② Merleau-Ponty 2012: lxii.

③ Merleau-Ponty 2012: lxxiv.

④ Merleau-Ponty 2012: lxxvi, lxxxv.

⑤ Merleau-Ponty 2012: lxxviii.

⑥ Merleau-Ponty 2012: lxxviii.

⑦ Merleau-Ponty 2012: lxxxii.

⑧ Merleau-Ponty 2012: lxxxv.

⑨ Merleau-Ponty 2012: lxxvii.

⑩ Merleau-Ponty 2012: lxxviii.

⑪ Merleau-Ponty 2012: xvi.

进阶阅读指南

· Martin C. Dillon, *Merleau-Ponty's Ontology*. 2nd edition. Evanston, IL: Northwestern University Press, 1997.

· Komarine Romdenh-Romluc, *Merleau-Ponty and Phenomenology of Perception*. London: Routledge, 2010.

· Ted Toadvine, "Maurice Merleau-Ponty." In E.N. Zalta (ed.), *The Stanford Encyclopedia of Philosophy*, https://plato.stanford.edu/archives/ win2016/entries/ merleau-ponty/.

第二部分

具体分析

　　我们已经较为细致地刻画了现象学哲学的特质，也展示了一系列更侧重于总体、具有方法论特点的基本现象学概念和区分。现在是时候去看看现象学是怎么具体工作的了。现象学因其周密细致的研究工作而闻名，而这一点也的确名实相符。接下来，我会讲几个具体的现象学分析案例来展示这种丰富性。我会首先考察现象学对空间性和具身性的探索，然后再讨论有关交互主体性和共同体的分析。

第七章　空间性与具身性

海德格尔在《存在与时间》中有这样一条著名论断：哲学传统 73
一直以来过于关注一类特殊的存在，即对象之存在。这样一来，它
也倾向于把人类，即我们自己所是的那一类存在者，当作对象来看
待。乍看起来这或许是一个非常奇怪的论调；难道不正是以笛卡
尔、洛克和休谟为代表的早期现代哲学强调了主体性的重要意义
吗？尽管如此，在海德格尔看来，一直以来都有种普遍倾向，试图
把主体性理解为一个自我封闭的、脱离世界的实体，也即一种非常
特殊的孤立对象。但这样一种思路完全没有准确理解我们自身的
独特存在方式。从一开始，我们就是这样一种存在者：它由我们和
我们寓居其中的世界之间的关系所构成。

在世界之中存在

为了表明与传统概念之间的决裂，海德格尔引入了此在
（Dasein）这个术语来指代我们自身所是的那种存在者，而《存在与
时间》这本书的大部分内容都是在对此在的基础特征进行分析，尤
其是它所谓的在世之在（In-der-Welt-sein）。海德格尔认为，此在与
世界相关联，这并不是选择的结果或运气凑巧使然。相反，与世界 74

打交道是此在的构成性特征，即此在不可或缺的本质特征。此外，这种打交道所采取的形式，主要并不是一种针对孤立物体的抽离性理论观察和沉思，这种形式下的存在者被海德格尔称为现成在手的(present-at-hand)。相反，我们从一开始首先遭遇到的那类存在者，是上手的(ready-to-hand)，是我们握在手中并进行操作和使用的存在者。其实，正是在实践运用中，在操作、使用并照料事物的过程中，它们如其所是地显现自身。正如海德格尔所言：

> 我们越少注视那个叫作锤子的物，越活跃地使用它，我们和它之间的关联就变得越原初，而它也愈发无遮蔽地作为它所是的东西、作为一个有用物而为我们所遭遇。拿着锤子来锤，这个活动本身揭露了锤子特有的"上手性"。①

更普遍地说，并不是认知（这里说的是一种狭义上的、对物体所展开的抽离性理论观察）建立起了世界和此在之间的关联。刚好相反，通过认知活动，此在倒是在已经揭示出来的世界中又和存在者建立了一种新的关系。认知对我们的原初在世之在进行了一种抽离性变更；正因为我们已然在世界之中存在，唯当如此，认知才是可能的。正是因为我们正在使用吸尘器，所以这一使用活动被干扰的情形才会出现，比如说当吸尘器停止正常运作时；正是此时此刻，而并非沉浸在手头上的工作的时候，我们开始注意到这个器物本身，并把它当成一个具有广延、质量和颜色等性质的现成在手对象来加以仔细端详。②

在《存在与时间》第 22 节中，海德格尔就世界内存在者的空间性展开了一番追问。他先关注了上手存在者的空间性，这不足为奇，因为他的出发点正是那一类我们首先会遭遇的存在者。正如海德格尔所说，"首先"不仅仅有时间含义，也有空间含义。我们首先遭遇的，是临近的东西。既然海德格尔拒斥了现成在手存在者的优先地位，我们便不能在几何意义上来加以理解所谓临近。上手存在者的切近性是我们在实践中跟它打交道的过程中显现出来的。上手存在者是临近的，只要它便于获取、能够使用。更具体地说，上手存在者的空间性、它的位置，与它在特定使用情境中的植根程度有关——它从属于这个情境，并在其中承担了相应功能——而与它在三维空间中的位置无关。只有位于这样一个使用情境之中，器物才有意义，有相关性和可用性。零散的用具无法单独发挥作用，而总是纠缠在一个指引出了其他用具的指引网络之中。只有位于一个包含了信封或明信片的世界中，邮票才是有意义的；钢笔用于书写，指引出了墨水和纸张；只有处于包含了其他用具（比如钉子和木板）的情境之中，锤子才成其为锤子。当我们问某物在哪里的时候，我们想要问的正是该事物在这样一种网络中的位置。各种空间维度——在上、在下、在旁等方位——都具有这种具体的实践指引关系。

　　总而言之，空间主要是在我们对于上手存在者非主题化的亲熟状态中被体验到的。空间是上手存在者的一种特征，而不是一个可以之后再用物体来填满的空洞容器。只有当我们的实践性交往遭到干扰，我们才会注意到纯粹空间；只有当手电筒并不在我们料想中可以找到它的地方，我们才会注意到抽屉是个空空如也的容器。

　　海德格尔在第22节中这样总结道：上手存在者只能"在其周

75

围世界的空间中"被遭遇到,"因为此在自身是就其在世存在这一点而具有'空间性'的"。③ 我们应该怎么理解这一说法呢?在海德格尔看来,空间性是上手存在者的特征之一,这一特征展现了它在一个世界性意义情境之中的植根程度。而世界性只能通过对此在的在世之在分析来得以理解。因此,上手存在者的空间性分析必然包含了此在的空间性分析。

在《存在与时间》第 12 节,海德格尔强调,有必要明确区分出此在的生存式的"在之中",和事物的范畴式的"在之内"。此在之在世界之中,和水之在杯内、T 恤衫之在柜内——即,一个有广延的存在者包含在另一个有广延的存在者之内——这二者是不同的。

76 其实,既然海德格尔并没有把世界界定为物体的总和或总体,而是界定为此在所寓居其中并感到亲切的意义情境,那么当然也就只有此在才能在海德格尔那里被刻画为"在世之在"。相反,其他类型的存在者则是"世界内"的或说"从属于世界"的,但世界并不为了它们而在"那里",它们不曾拥有世界。④ 这种"包含在之内"的空间性诚然并不适用于此在,但这并不意味着此在没有空间性。⑤

在第 23 节中,海德格尔继续沿着这个思路走下去。既然此在的空间性必须就其在世之在才能理解,想要准确表述此在的空间性又需要注意到怎样的特征呢?海德格尔重点关注了两个方面:"方向性"(directionality)和"去远"(de-distancing[Ent-fernung])。⑥ 就前者而言,海德格尔指出,此在的在世之在总是具有某种方向(视角、旨趣)。我们和世界之间带有关切的打交道过程绝非全无方向。或者说,正是因为此在本身就以趋向、方向为基本特征,短暂地失去方向才是可能的。正是由于此在的这一特质,它在世界之中所遭遇的存在者都是在视角和趋向之中呈现出来的：呈现为某个在特定方向上可以获取的东西；呈现为某个在上面或下面、在左边或右边、在这里或那里的东西。

　　而海德格尔之所以选用第二个术语——"去远"——则是希望在其中同时唤起两个德文词的含义："Entfernung"（距离）和"entfernen"（消除、挪开）。当他写道"此在的在世之在以去远为基本特征"的时候，这句话应当这样理解：此在之消除距离，和你在走近你的汽车的同时"消除"了你与它之间的距离，是同一个意思。也就是说，此在让存在者呈现在当下或靠近。这种去远在实践交往和理论研究的过程中都有所发生。海德格尔写道，"此在有种趋近的本质倾向"。⑦某东西近在咫尺还是远在天涯，这一点并不取决于几何度量的结果。距离是无法用绝对术语来刻画的，而是相对于情境，相对于实践上的考量和关切。同样，最切近的东西并不必然就是相对于某人自己的身体而言"客观上"最短距离的东西。此在所关切的，它能够触及的、把握到的、看到的，反而才是最切近的。77让某东西变得更近一些，其实等于是把它容纳进关切和使用的情境之中。我们不妨举几个具体例子：

· 尽管在几何距离上，比起我正在观赏的绘画，我和我脚下的地面、和我戴着的眼镜距离更近一些，但现象学描述则会认为，比起地面和眼镜，我离这幅画反而更近一些。⑧
· 从几何距离上来看，哥本哈根和新德里之间的距离一百年以来几乎毫无变化。但从实用角度来看，其间的距离已经大大缩短了——至少对我们之中可以支付航班费用的人来说是这样的。

· 当我们从两种方式中选择一个来实现某个目的的时候，几何上距离最短的方式并不总是在实用中距离目的最近。如果你忘了带钥匙出门，而此时此刻你正站在你家锁着的正门前，尽管你和门厅的几何距离依然很近，但这也并不妨碍门厅在实用角度下是你无法触及的，也就是说，它很遥远。而一旦你转身离开前门，奔向没上锁的后门，你确实是几何意义上在远离门厅，但却在实用意义上离它更近了一步："客观现成在场的事物所具有的客观距离，和世界内的上手事物或远或近，二者并不一定重合。"⑨

· 只要路况好、日程安排宽松，骑上自行车或许就能轻易抵达一个十英里开外的城镇。这样来看的话，比起一个只有两三英里远但有很多岩石的山顶，这个城镇或许要近上许多。"一段'客观上'遥远的路途，能够比一段'客观上'近得多的道路还要更近一些，后者或许会让人'舟车劳顿'，觉得走完全程遥遥无期。"⑩ 这也就是说，只要你愿意，测量结果完全可以尽可能地精确，但在弄清楚那种显现在我们的体验和实用交往之中的真正空间性的时候，那些结果反而变得无关且无用了。

海德格尔的分析揭露了两种特别不同的空间概念。一方面是精确的、三维尺度下的欧几里得几何空间；另一方面则是在此在和上手存在者之间的实用交往中得以展开的空间。人们或许很容易倾向于认为，几何度量结果是依据空间真正所是的样子给我们提供了一套中立、客观的描述，而相较之下，依赖于诸如获取过程中的难易与快慢等标准的空间概念则是主观主义的，或者至少是人类中心主义的。但海德格尔并不认同这一主张，而是认为，"物理空间比实用空间更为基础"的想法只不过揭露了某些在先的形而上学承诺。真正真实的实在恰恰是在此在的在世之在之中并借助这种在世之在而揭示出来的。按海德格尔的说法，恰恰正是因为我们是在实用情境中通达并掌握了空间，我们才能够把它变成一种中立的、科学的知识对象。在我们与上手存在者之间充满关切的打交道过程中，有时或许会需要更为精确的测量结果，比如在建筑、桥梁建设或土地勘探的过程中。如果继续进一步完全从实用旨趣中抽离出来，空间就会变成纯粹观察和理论化的对象。⑪但不出我们所料，海德格尔认为，这样一种对于空间几何属性的专门考察，包含了对具有实用意义的原初被给予空间的中立化。正如海德格尔所说，空间被"剥离了其世界性"。⑫关切性交往的具体情境中的空间性，被转化成了一种纯粹的维度性。因此，上手存在者失去了它们特有的指引性，而世界也被从用具的意义总体还原成了广延物的聚合体。

　　之前在我讨论此在的空间性，尤其是那种与此在和用具间实用性交往有关的空间性的时候，我的论述始终预设了某种尚未明确研究的东西，即此在的具身性。可是，《存在与时间》中只有一处海德格尔明确提及了身体的文本。那是在第 23 节，在那里他指出此在的空间性与其"身体性"有关。但他却补充说，身体"包含一个独特的困难，这里先按下不表"。⑬此处在身体问题上的沉默令人困惑，尤其是考虑到海德格尔本人构建术语的方式——比如说，在上手和现成在手之间的区分——总是会让我们注意到这样一个事实，即此在具有身体（比如它是有手的）。不仅如此，正如之前所说，海德格尔解释了空间在关切中的揭示，而我对这一解释的讨论在某种意义上全都和身体息息相关。某个位置或某个存在者或近或远，都 79

必然和它是否可以使用、是否便于获取等特征有关。而上述全部特征显然都为我们指出了一个工作中的、抓握中的、行走中的——简言之，具有身体的——主体。

　　人们可以反对说，此在具有身体这一点实在是显而易见乃至不言自明的，所以明确的分析完全是可有可无的一件事。但这样的答案也太过轻率了。就像海德格尔自己在《存在与时间》的第 1 节所强调的那样，哲学里面"诉诸自明性［……］是种可疑的做法"。⑭ 在后文他也坚称，即便此在的存在构造是显而易见的，这"也并不意味着压制此在在存在论上的构成性地位的这种做法是有道理的"。⑮ 同样的批评似乎也能反过来用在海德格尔本人身上，因为他并没有去澄清此在的具身性。一旦结果表明，深入分析具身性能够为我们理解心灵-世界关系带来进一步的决定性帮助，那么上述批评就显得更为突出了；而这一深入分析正是包括胡塞尔、萨特和梅洛-庞蒂在内的其他现象学家所主张的。

活生生的身体（The Lived Body）

　　身体（body）首先是世界中的一个空间性物体，这在某种特定的理论框架下看起来是一个显而易见的事实。我们能够知觉一串葡萄、一堆篝火，同样地，我们也能看见、摸到、闻到身体。现象学家是不是也是这样想的呢？身体现象学研究应当首先关注的，是作为现象的身体。可是，当我们欣赏绘画、使用吸尘器的时候，身体到底是怎样具体被给予的呢？身体是如何呈现出来的？它是呈现在一群知觉中可通达的物体之中的吗？我是否把我自己的身体觉知成了一个空间中的知觉对象呢？胡塞尔、梅洛-庞蒂和萨特都认为，身体并不仅仅是许许多多物体中的某一个。因此，它的显现方式比起通常物体而言相当不同。我能够靠近或远离空间性物体，但身体却总是呈现为那个使得我能够去采取某种对待世界的视角的东西。实际上，身体首先就是这种对待世界的视角，因此，它原初并不是一个我采取了某个视角来加以对待的对象。如果不承认这一点，我们会陷入无穷倒退。⑯萨特甚至认为，活生生的身体是以不可见的方式呈现出来的，而这正是因为我们是在生存中体验着它，而不是在认识它。⑰

通常情况下，为了知道手的位置在哪里，我并不需要通过视觉来知觉我的手。我伸手去拿球拍的时候，我没必要先找找我的手到底在哪里。我没必要寻找它，因为它总是和我在一起。身体性的"这里"并不是无数坐标中的某一个，而是那个能够使其他坐标具有意义的原点。身体原初上——即前反思状态下——并不是在视角中被给予的，而我也既不是作为一个存在于某空间性物体之内的东西，更不是作为一个空间性物体本身而被给予我自己的。不承认这一点，便是误解了我们身体性存在的真正本性：

> 身体的问题及其与意识间的关联问题，常常被这样一个事实给遮蔽了起来：身体一开始就被设定为某个自有其规律的、能够受外来作用规定的物，而意识则是通过与它专门对应的那种内直观被发现的。但实际上，如果我先是凭借一系列反思性活动把"我的"意识把握为绝对内在的东西，然后再试图去把它和某种活物结合在一起，这种活物由神经系统、大脑、腺体、

消化器官、呼吸器官以及循环器官构成，而这些组成部分又可以在化学上被分析为氢、碳、氮、磷等各种原子，那么这样一来我会遭遇许多无法克服的困难。而这些困难的根源统统在于我并没有把我的意识和我的身体结合在一起，而是试图把它和别人的身体结合起来。因为上述身体并不是那个于我而言的我的身体。⑱

不妨设想我们正坐在一个饭店里。我想要开始吃东西，所以我得先拿起刀叉。可我是怎么做到的？无论是为了拿起刀还是拿起叉，我都需要知道它们相对于我自己的位置。也就是说，我对于刀叉的知觉必然包含了某些有关我自己位置的信息，否则我没办法就此来采取行动。在餐桌上，被知觉到的叉子在（我的）左边，被知觉到的刀在（我的）右边，而被知觉到的杯子和盘子则在（我的）前面。这样一来，身体便具有如下特征：它作为体验原点、作为绝对的"这里"，呈现在每个知觉体验中，而一切显现出来的对象都朝向着这个绝对的"这里"。身为一个进行体验的、有身体的主体，我是指引关系的出发点；我的全部知觉对象，无论是远近、左右还是上下，都相对于这个点获得了唯一的关联：

> 周围世界中的一切事物都具有一个相对于身体的方位［……］。"远"是离我远，离我的身体远；"在右边"是相对于我身体的右半部分，比如说相对于我的右手。［……］它们都在"那里"——有且仅有一个东西除外，即身体，它永远在"这里"。⑲

我是中心，而（以自我为中心的）空间就围绕着这个中心、相对于这个中心展开自身。这也正是为什么胡塞尔会认为一切关于世界的体验都是凭借着我们的具身性才成为可能的。[20] 而之所以如此，并不仅仅是因为身体是一个稳定的方向指引点，同样也因为它具有运动性。我们用运动着的双眼来进行观察，而双眼又被安置在一个可以旋转的头部上，而头部又附属于一个可以变换位置的身体。就此而言，静止视角仅仅是运动视角的一种临界情形。我们的所看、所听、所触、所嗅、所尝，都被你我所做以及所能做的事情给塑造。在通常的体验中，知觉和运动是结合起来的。当我触摸一块海绵的表面，海绵是和我对手指运动的体验一同被给予的。当我观赏台上舞者动作的时候，舞者是和我对头部运动的体验一同被给予的。梅洛-庞蒂和萨特的文本中也有同样的论证。梅洛-庞蒂写道，当我知觉世界的时候，身体同时被揭示为那个位于世界中心的、未被知觉到的端点，一切对象都面向它。[21] 我不是处在一段距离之外来观察世界，而是置身于世界的正中央；世界是根据我们凭借身体而寓居其中的各种方式来揭示自身的。萨特讨论了空间是如何按照使用指引——在其中，个别对象的位置和方向与一个行动中的主体联系在一起——而构架起来的。被知觉到的东西，被知觉为临近或遥远的东西，被知觉为某个可以靠近并加以探究的东西。身体在每个知觉活动、每个行动之中都是保持运转的。它构成了我们的视角和出发点：[22]

　　　知觉场指向一个中心，这一中心在客观上被该关系所界定 82
　　并恰恰位于这个围绕其展开的知觉场之中。只不过我们并没有看见这个作为该知觉场之结构的中心；我们就是这一中心。[……]因此，我的在世界之中的存在，由于其实现(realize)了一个世界，而使得自身作为处在世界之中的存在者被它所实现的世界指引向了自己。情况只能如此，因为我的存在要是想开始和世界打交道，别无它法，唯有在世界之中存在。倘若有一个我不存在于其中的世界，而这个世界于我而言又只是一个沉思考察的纯粹对象，那么我是不可能实现它的。反之，为了要让世界存在，并且让我能够超越它，我必然要使自己迷失于这个世界之中。因此，我进入了世界之中，"来到了这个世界"，或者说，有一个世界存在着，或我具有身体，这几种说法其实讲的都是同一件事。㉓

当我们表明身体在不同形式的意向性中都扮演了重要角色的时候，比如说知觉是一种本质上具身的行为的时候，其要点并不是想说，主体只有在拥有身体的时候才能够知觉对象、使用工具，而是在于，只有当主体是身体——即一个具身化的主体性——的时候，它才能做到上述活动。

正如萨特所说，我们对身体的研究不应当被一种外在的、源自于躯体(corpse)解剖学研究的生理学视角所引导。㉔此处有一个早在胡塞尔那里就引入了的核心区分：(a)我们原初非主题化的、前反思的、体验中的身体觉知，它伴随着一切空间体验，并且是后者的条件；以及(b)随后主题化的、对于作为对象的身体的体验。我们有必要去区分出在主体中被体验到的身体，以及混同在众多对象之中的身体。胡塞尔用身体(Leib)和躯体(Körper)这两个概念来加以区分，而后来梅洛-庞蒂则用本己身体（corps proper）和对象身体（corps objectif）来进行区分。正如胡塞尔所坚称的那样，后一种形式的身体觉知依赖于前者：

> 这里我们还必须指出：在有关物的一切体验之中，活生生的身体是作为运转中的活生生身体被共同体验到的（因而并不是一个单纯的物）；当活生生的身体本身被体验为一个物的时候，它是以双重方式被体验到的——也即，既作为一个被体验的物，也作为一个运转中的活生生身体，刚好被体验为同一个东西。㉕

当然，身体可以探索自己。它可以把自己（或者别人的身体）当作一个探索对象。这是生理学和神经学中的典型情形。但这种身体的对象性研究既没有穷尽它的全部特质，也并没有揭示出它最为基础的本质。把身体构造为对象，这并不是一个脱离身体的主体所能做到的，而是一个具身化的主体所施行的自我对象化。我原初并不具有对于我的身体的意识。我并没有在知觉它，我就是它。㉖

作为对象的身体的确刻画出了身体在观察者视角下的把握情形，这个观察者可能是科学家、生理学家，也有可能就是这个具身化主体自己。尽管如此，主体性身体的概念所刻画的，却是身体在一个具身化的第一人称视角下的体验情形。作为主体的身体和作为对象的身体二者之间的区分是一个现象学区分。这并不意味着我们每个人都具有两个不同的身体，而是在说，我们能够在不同的方式下去体验、理解同一个身体。

可是，在触觉或视觉中被探索的身体依然会被体验为我自己的
身体之外在，这又是为什么呢？这便是胡塞尔和梅洛-庞蒂都强调
过的所谓双重感觉或双重触觉。当我的左手触摸我的右手，进行触
摸的左手感觉到了被触摸的右手的表面。但被触摸的右手并不仅
仅被给予为一个纯粹的对象，因为它也感觉到了这一触摸本身。[27]
不仅如此，触摸者和被触摸者之间的关系还可以倒转过来，因为右
手同样也可以触摸左手。上述可逆性表明，身体之内在与外在其实
是同一个东西的不同显现样式。[28]因此，双重触觉现象为我们呈现
了一个模棱两可的情形，其中手的角色在触摸者和被触摸者之间
交替转变。也就是说，双重感觉现象给我们带来了身体二重性的体
验。有时，我们也会用身躯体（Leibkörper）这个术语来指代这种身
体性自身体验。

　　一般说来，我们的身体总是在实现其意向目标的过程中隐去了
它自己。我们一般不会以一种明确的意识来密切关注我们的动作。
这倒是件好事，因为倘若我们像注意力高度集中时觉知到对象那样
来觉知我们的身体动作，我们的身体就会对我们的意识提出过高的
要求，以至于它会给我们的日常生活带来干扰。当我在笔记本电脑
上写作的时候，我的动作并没有作为意向对象被给予出来。我的肢
体并没有努力试图吸引我的注意。倘若情况真是这样，我就无法高
效写作了。当然，一旦发生了某些问题，情况也会发生变化。不妨
想想祖鲁·雷德（Drew Leder）提过的一个例子。设想你正在打网
球。你的注意力集中在球上面，球以极高的速度向你飞驰而来，而
此时你也同时注意着你对手的位置。你的身体紧张起来，以便用力
将球击回，但突然间你却感到手臂上传来一阵剧烈疼痛。你错过

了这次击球机会，疼痛迫使你把当下全部注意力转移到其上。无论你是否愿意关注它，它都吸引着你的注意力。实际上没有什么现象比疼痛更能够让我们想起我们的具身性（以及我们生命之脆弱与有朽）。[29]总的来说，身体是以一种极为基础的方式呈现的，以至于我们通常只会在我们平稳流畅的习惯性世界交互活动遭到干扰的时候才会注意到它；这一注意既可以是主动的反思（无论是哲学反思还是镜像反映），也可以是在疾病、身体需要、疲劳、疼痛等情形下迫使我们进入的反思。

上述具身性概念并不应该让我们认为身体是某种静态的东西，仿佛它有一整套固定不变的技能、能力。身体不仅仅可以在习得新技能、新习惯的过程中拓展其感觉运动的全部内容，还可以把人造工具及其所处的部分环境给吸纳进来，以此来延展其能力。梅洛-庞蒂就举过盲人及其拐杖的经典案例。[30]当盲人使用拐杖探索地面的时候，他所感觉到的不仅仅是他手里的拐杖，还有他面前的地面。在这个案例中，盲人进行感觉的身体仿佛是延伸了边界，不再止步于皮肤的限制。

论述至此，大家应该可以明白，身体现象学研究并不单纯是众多普普通通的分析中的某一个。并不是说好像现象学在研究各种各样对象的过程中一不留神发现了身体，然后才展开进一步研究。相反，胡塞尔本人和法国现象学家都赋予了身体一种特殊地位，因为它被认为深深内蕴于我们与世界、他人和自身的关联之中。

现象学家并不是在为经典的身心关系问题——即身体如何与 85 心灵发生因果上相互作用——提供一个答案。相反，他们想要理解的，是我们对世界、自我和他人的体验在多大程度上受到了具身性的塑造和影响。但也正是通过这一研究关注点的转变，现象学家重新审视了某些先行界定了身心关系问题的概念区分，并对此提出了质疑。具身性概念以及具身心灵（embodied mind）或具心身体（minded body）的概念，注定会替代通常所说的心灵和身体概念，后二者都被视为是派生概念和抽象结果。换言之，单单用主观／客观、内在／外在、物理／心理这样的范畴并不能准确刻画我们的身体体验。胡塞尔写道，身体"同时是空间之外在和主体之内在"，[31]而梅洛-庞蒂则提到身体的含混本性，并主张身体的生存是一个超越了单纯生理性事物和心理性事物之外的第三范畴。[32]

　　严肃对待具身性问题，其实是在以各种各样的方式去挑战笛卡尔传统下的心灵概念。具身性蕴含着出生和死亡。出生并不是某人自己造就的，而是同时被安置在自然和文化的环境内。这意味着拥有一套并非由人选择而得到的生理机能，意味着置身于一片并非由人自身建立的历史与社会情境。出生和死亡这两个话题从根本上拓宽了我们的研究视野，它们让我们关注到历史性、世代生成性以及性存在（sexuality）的意义。[33]实际上，具身性不仅仅是一个生物学上的既定事实，同时也是一个社会文化分析范畴。为了更全面地理解具身心灵的性质，人们的视野不能仅仅局限在知觉和行动上，也需要把社会性考虑在内。

本章注释

① Heidegger 1996: 65.

② Heidegger 1996: 57.

③ Heidegger 1996: 97.

④ Heidegger 1996: 61.

⑤ Heidegger 1996: 50–51.

⑥ Heidegger 1996: 97.

⑦ Heidegger 1996: 98.

⑧ Heidegger 1996: 98.

⑨ Heidegger 1996: 99.

⑩ Heidegger 1996: 140–141.

⑪ 我们可以在胡塞尔《危机》一书附录中"几何学的起源"一文里找到有关讨论（cf. Husserl 1970: 353–378）。

⑫ Heidegger 1996: 104.

⑬ Heidegger 1996: 101.

⑭ Heidegger 1996: 3.

⑮ Heidegger 1996: 101.

⑯ Sartre 2003: 353; Merleau-Ponty 2012: 93.

⑰ Sartre 2003: 348.

⑱ Sartre 2003: 327.

⑲ Husserl 1989: 166.

⑳ Husserl 1989: 61.

㉑ Merleau-Ponty 2012: 84.

㉒ Sartre 2003: 350.

㉓ Sartre 2003: 342.

㉔ Sartre 2003: 372.

㉕ Husserl 1973a: 57.

㉖ Sartre 2003: 347.

㉗ Husserl 1989: 152–153.

㉘ Husserl 1973a: 75.

㉙ Leder 1990.

㉚ Merleau-Ponty 2012: 144.

㉛ Husserl 1977: 151.

㉜ Merleau-Ponty 2012: 204–205.

㉝ Heinämaa 2003.

进阶阅读指南

· Sara Heinämaa, *Toward a Phenomenology of Sexual Difference: Husserl, Merleau-Ponty, Beauvoir*. Lanham: Rowman & Littlefield, 2003.

· Drew Leder, *The Absent Body*. Chicago: Chicago University Press, 1990.

· Dermot Moran, "Husserl, Sartre and Merleau-Ponty on Embodiment, Touch and the 'Double Sensation'." In Katherine J. Morris (ed.), *Sartre on the Body* (pp. 41–66). Basingstoke: Palgrave Macmillan, 2010.

· Joona Taipale, *Phenomenology and Embodiment: Husserl and the Constitution of Subjectivity*. Evanston, IL: Northwestern University Press, 2014.

第八章　交互主体性与社会性

就交互主体性（Intersubjektivität）这一论题而言，现象学是否 提供了一些有趣的见解呢？一种常见的批评认为：由于过于关注主体性，现象学没能意识到交互主体性的真正意义，也根本无法令人满意地处理这一话题。^①但是，只要仔细研读舍勒、施泰因、胡塞尔、海德格尔、古尔维奇、萨特、梅洛-庞蒂和列维纳斯等人的著作，我们一定会发现这个批评并不成立。事情的真相反倒是：交互主体性在现象学家眼中具有极为核心的地位。第一个对交互主体性展开大量系统讨论的哲学家，不是别人，正是胡塞尔。这一事实绝非巧合。

现象学传统从不曾忽视交互主体性和社会性等议题，反而包含了大量的、相互之间极具张力乃至偶有冲突的不同说法。尽管各类思路众说纷纭，我们还是能够在其中指出某些它们或多或少都具有的共性：

1. 现象学家承认语言所具有的最为突出的主体间特征；在此前提之下，他们还常常致力于发掘出包括知觉、工具使用、情感、身体觉 知等前语言或超语言的交互主体性形式。
2. 现象学家从未把交互主体性视为世界之中某种客观存在着的、可

以完全用第三人称视角来加以描述分析的结构。相反，交互主体
性是各个主体间的一种关联，其完整分析必然要涉及并研究第一
人称视角。

3. 我们在许多现象学家那里都会发现这样一条核心观点：在解释交
互主体性的同时需要一并分析主体性和世界之间的关系。也即：
要想仅仅在一个既定框架内再把交互主体性给塞进去，这种做法
是无法令人满意的；相反，"自我""他人"和"世界"这三个维
度共属一体，其中任何一个要素都促进了我们对其他要素的理
解，并且也只能够在其相互关联中得到完整理解。正如梅洛-庞
蒂所说，主体必须被视为一个植根于环境中的、具身化的存在者，
世界必须被视为体验的共同场域，唯当如此，交互主体性才是可
能的。

本章当然不可能完全涵盖上述丰富内容的全部要旨。且让我从下
面这个共同关切出发：现象学家们对类比论证的批判性评述。

他 心 问 题

有人认为，交互主体性问题只不过是他心问题（The Problem of
Other Minds）的另一个说法。为什么这是成问题的呢？那是因为，
只有我自己的心灵才是我能声称直接通达的心灵。而我对他人心
灵的通达却是以他／她的身体行为为中介的。可对另一个人身体
的知觉又是如何能够为我提供此人心灵的有关信息呢？所谓的类
比论证是尝试解决这一问题的经典做法之一。我能在自己身上观

察到，当我的身体受到因果作用影响的时候，我有所体验；也能观察到，这些体验总是会导致某些行动。我又观察到，别的身体也以类似的方式受到影响并有所行动，因此，我以类比的方式做出推论：89 其他身体行为所关联的体验，和我自己具有的那些体验是类似的。在我自己这里，被热水烫伤与剧烈疼痛感相关联，这一体验会进一步引发大声叫喊这一明显行为。当我观察别的身体被热水烫伤且大声叫喊的时候，我便假定，很有可能那些身体也感到了疼痛。我们可以把类比论证理解成一种最佳解释推理，这种推理过程把我们可观测的公开行为导向隐匿的心灵原因。这种推理尽管并没有为我给出有关他人的无可置疑的知识，也没有让我能够去切身地体验到别的心灵，但至少给了我更多的理由去相信而非否认其他心灵的存在。

　　想要完全用这种方式来解释我们理解他人的过程，这种做法在现象学家那里并没有受到多大欢迎。相反，他们都给出了批评。批评角度不少，我们可以在马克斯·舍勒的《同情的本质》和梅洛-庞蒂的"儿童与他人的关系"一文中找到一些最核心的反对理由。

　　如舍勒和梅洛-庞蒂所说，类比论证认为我们的他人理解在本质上是推理性的，因此这种论证选择了一条对认知条件要求过高的解释思路。婴儿（更别说除人类之外的动物）在发育早期就已经对面部表情、姿势和语调很敏感，并且可以有所回应。但是，认为儿童是在把别人笑时的视觉表现和自己高兴时的面部运动拿来做比较，而婴儿是在把自己感觉到的快乐投射到他人身体中不可见的内部状态上去，这样的说法从心理学角度来看是站不住脚的。[②]

　　两位现象学家还都指出了另一个问题。类比论证如果要成立，这取决于我自己的身体的被给予方式以及他人身体的被给予方式二者之间的相似性。但是，我通过内在感和本体感所感觉到的自己的身体，和通过视觉所呈现给我的他人身体，并非完全相同。实际上，如果我要发现我的笑或叫喊与另一个人的笑或叫喊之间具有相似性，我需要采纳一个更全面的视角。我必须把身体姿态理解为表达现象，理解为快乐或痛苦之展现，而不单单是物理运动。可是，如果类比论证之成立要以这种理解为前提，那么这个论证其实已经预设了它试图去论证的东西。换句话说，只有当我们已经明白我们所面对的是有心灵的生物，只不过不太确定到底应该怎样去理解我们所遭遇的表达现象的时候，我们才会运用类比的推理方式。③

在这些初步探讨之后，舍勒和梅洛-庞蒂推进了他们的批评。舍勒针对类比论证的两个核心预设提出了质疑。其一，该论证假定，我的出发点是我自己的意识。这是以一种颇为直接的、无中介的方式向我给予的；人们正是从这种纯粹心理的自我体验出发，随后才有可能去辨认他人。人对自身中的一切都一览无余，随后才把已经在自己身上发现的东西投映到尚不认识的他人身上去。顺便说一句，这实际上意味着人只能够在他人身上理解那些已经在自己这里体验过的心理状态。其二，该论证假定，我们绝不能直接通达他人的心灵。我们绝不可能体验她的思想或感受；我们只能够基于那些实际呈现给我们的表现——即她的身体行为——来推断这些思想或感受必定存在。尽管上述两条假定或许看上去完全是显而易见的，舍勒却都不赞同。正如他所言，身为哲学家，我们的使命就在于质疑显而易见的东西。我们应当仔细关注实际的被给予情形，而不是任由某些理论来强行裁断被给予的是什么。④ 在舍勒看来，类比论证既高估了他人体验中所牵涉的困难，也低估了自我体验中所牵涉的困难。⑤我们既不应该忽视那些可以在他人那里直接知觉到的东西，也不应该否认我们的自我体验具有的具身性和植根性。因此，舍勒认为，我们与他人之间基本的亲熟关系在本质上就不是推论性的。在他看来，声称主体间理解是一个两步走的过程，其中第一步是对无意义行为的知觉，第二步则是用理智来为行为赋予心理意义，这种主张有着极大的困难。这套说法在行为和心灵这两方面给我们所呈现出来的图景都是扭曲的。我们运用心理学术语来 91 描述行为，也不得不把后者当成单纯的动作来刻画，这种做法并非出于偶然。多数情形下，想要把一个现象精准地区分成心理方面和行为方面，这会是一件非常困难（并且非常造作）的事情——不妨想想一声痛苦的呻吟、一次握手、一个拥抱。相反，在面对面的遭遇中，我们所面对的并不是一个单纯的身体，也不是一个隐匿起来的心灵，而是一个统一的整体。舍勒偶尔会提及"表达统一体"这样的说法。唯当随后经过了抽象的处理，这个统一体才分离开，我们的关切才进一步"向内"或者"向外"推进。⑥

我们在梅洛-庞蒂那里也找到了类似的想法。他认为，愤怒、羞耻、恨、爱，并不是藏匿在他人意识底层的心理事实，而是外部可见的行为类型或举止风格。在梅洛-庞蒂看来，这些情感就在脸上、在姿态上存在着，而非藏匿在它们底下。⑦简言之，它们在身体的姿态和行动中表达出来，并因此是他人可见的。不仅如此，梅洛-庞蒂还认为，经典心理学之所以无法为"我们如何与他人发生关联"这个问题提供一个满意解答，其原因在于它的全部思路都基于某些未经省察且毫无道理的哲学偏见。这之中首先就是一条根本性的假定：体验生活只对唯一一个人来说是直接通达的，也就是那个拥有这一生活的个体，而与他人心灵的唯一通达渠道则是间接的、以他／她的身体显相为中介的。[8] 但在梅洛-庞蒂看来，我的体验生活并不是一系列除了我自己之外别人都无法通达的内在状态。相反，在他看来，我们的体验生活首先是一种世界关联，而正是在这种朝向世界的举止活动中，我也才会有条件去探索他人的意识。就像他写道，"一旦我把他人和我自己都界定为在世界之中活动着的'行为'，我这里便开放出了对待他人的视角"。[9] 正因如此，梅洛-庞蒂主张，如果想要搞清楚我们是如何与他人发生关联并理解他人的，我们需要去重新界定我们所说的心灵（psyche）概念。

92　　总体而言，面对如何理解他人的问题以及交互主体性问题，现象学家都采取了具身知觉的进路。我们首先认识到，我们对他人身体性呈现的知觉与我们对物理事物的知觉不同。在他／她的身体性呈现中，他人作为一个活生生的身体、一个主动与世界交往着的身体被给予出来。确实，正如萨特所指出的，把我通常所面对的他人的身体看作生理学所描述的身体，这是一个严重错误。他人的身体总是在一个情境或意义情境之中向我给予，而这个情境是由该身体的行动和表现力（expressivity）一同决定的。[10]

同　感

批评类比论证是众多现象学家的重要共识。其中部分人（包括胡塞尔和施泰因在内）还认为，我们的他人理解等于（或者说需要借助于）一种特殊类型的意向性，即所谓同感（empathy

[Einfühlung])。⑪

　　在现象学家看来,同感是不能和情感传递、想象中的换位体会、同情或怜悯等现象混淆起来的。相反,他们把同感视为一种基本的、基于知觉的他人理解形式,而其他更为复杂、更为间接的人际理解形式都依赖于此,并以之为前提。他们因此往往把同感当作是他人体验或他人知觉的同义词来使用。⑫ 在他们看来,人们能够在同感性的面对面遭遇中理解他人的体验生活。这种同感性面对面遭遇是直接的、即时的,而人们对不在场的他人所形成的任何信念都不具有这两个特征。

　　可是,他人的体验生活真的就像我们自己的体验那样直接被给予了吗? 梅洛-庞蒂会坚称,尽管我能够通过他人的行为、通过他人的脸和手来知觉到他／她的悲痛或愤怒,但对我而言,他／她的悲痛或愤怒却绝不会具有他／她自己心中那种完全相同的意义。此情此境对我而言仅仅是眼前呈现,而对他来说则是切身体验。⑬ 诚然,同感是直接的、无中介的,但是我在同感他人时所觉察到的东西和他人的切身体验这二者之间的差异却总是且必然存在。比方说,通过同感来体验他人的情感,和你自己在经历这种情感时对它的体验,这两种情况当然不同。这也正是为何现象学家并不认为他人所拥有的体验会在同感过程中实际地转移到我自己的心灵当中来。被同感的体验是在他人那里而不是在同感者自己身上,这正是同感的特别之处。同感以非切身体验为对象,并不消除这些体验的他异性。自我体验与他人体验之间的非对称性没有混淆自我与他人之间的区分,也没有导致某种合为一体或某种意义上交相融合的人格同一,这是同感的一个关键特点。这也是为什么胡塞尔会认为，正是同感让我们能够遭遇到真正的超越性，并写道，我们的意识凭借同感超越了自身，并由此面临一种全新类型的他者性。[14]

我们能够去体验他人，因而并非只能依靠和运用推论、模仿或投射等理解方式。但这并不意味着我们可以按照跟他人体验他自己完全相同的方式来体验他人，也并不意味着我们通达他人意识的方式完全跟我们通达自己意识的方式一模一样。尽管如此，当我体验他人的面部表达或富有意义的行动的时候，我依然是在体验着陌异的主体性，而并不仅仅是在对它进行想象、模拟或理论式说明。我可能犯错、可能被骗，但这一事实也并不构成反对这一通达渠道之体验性特征的理由。此外，我对他人心灵的体验性通达和我对自己心灵的体验性通达之间有差异，这一事实并非某种缺陷或不足。相反，正是由于这种差异、这种非对称性，我们才能说，我们所体验到的心灵是其他的心灵。正如胡塞尔所言，倘若他人的意识像我自己的意识那样被给予我的话，他人便不成其为他人，反倒是变成了我自己的一部分。[15]实际上，下面这种表述方式或许更准确地刻画了问题的关键所在：当我们体验性地遭遇了其他主体的时候，我们所遭遇的这些他人总是那种超出了我们把握之外的主体。因此，他人的被给予性属于一种非常独特的类型。他人的他者性正是在他／她的捉摸不透之中显现的。就像列维纳斯所说，他人之不在场恰恰是他作为他人的在场。[16]他人心灵所具有的东西确实比我们所
94 能把握到的更多，但这并不意味着我们的理解就是非体验性的。

现象学家承认我们能够在体验中遭遇他人的具身性、植根性体验，这使得他们的见解对立于所谓心灵理论之争中的主流立场，即理论－理论（theory-theory of mind）和模拟理论（simulation theory of mind)。这两个立场都不承认体验他人心灵的可能性。正是由于缺乏通达他人心灵的体验性渠道，我们才需要去依赖和运用理论性推论或内在模拟。相反，现象学家恰恰坚称，我们能够直接把他人体验为具有心灵的存在者，体验为一种其身体姿态和身体行动表达了其体验或心灵状态的存在者。[17]

共在(being-with)

尽管许多现象学家都强调过同感的重要意义，但这也不是人人都同意的一个说法。海德格尔就对此表示过高度怀疑。在他看来，之所以引入同感概念，是为了解释一个(孤立)主体是如何能够遭遇并理解另一个(孤立)主体的。[18]在他看来，这一思路从根本上误解了交互主体性的本质，因为它把个体之间的主题化遭遇视为最初的、首要的情境；在这种情境下，人们是在试图去把握另一个人的情感或体验(这一含义在"同感"的德文原词里看得特别清楚：Einfühlung*)。但正如海德格尔所言，试图去主题化把握他人的体验，这一尝试本身其实是例外而非常态。通常情形下，我们并不会在遭遇他人的时候把这个人看作是认知的主题化对象。相反，我们是在日常生活所发生的那个世界之中遭遇他们的，或者说得更准确一些，我们是在世界性情境之中遭遇他者的，而我们共同存在和相互理解的方式所具有的意义同时要取决于当下的情境。实际上，在由实践性关切所构成的日常生活中，我们始终和他人共同存在。

---

*　德文的字面意思是"把……感受进来"。——译者

我们生活在一个公共的世界中，我们完成的工作、使用的工具、追
求的目标都包含了指向他人的指引关系，不论他们是否实际在场：
"我正走过的这片没怎么开垦过的土地，同时呈现出了其主人或耕
95 种者。靠岸停泊的帆船一同呈现出了某个特定的人，那个在船上航
行的人。"[19] 此在并不先是一个无世界的主体，而后再被添加上了
一个世界；同理，此在实际上也并不是孤身一人，而后他人才突然
现身。因此，那种认为需要在两个起初独立的自我——一个我和一
个你——之间再搭建桥梁或联系的看法，本身就是一种根本上的误
解。并没有什么沟壑需要用同感来跨越，因为此在的在世之在之中
的一个基本构成环节就是其共在：

> 人们假定，主体包裹在自身之中，要努力去同感他人。这
> 种探讨问题的方式荒谬不经，因为从来就没有过上述假定中的
> 那种主体。相反，如果我们能抛开一切预设，把此在之所是视
> 为处于日常生活中无前提直接性的在之内和共在，那么事情就
> 很清楚了：同感问题和外部世界实在性问题一样荒谬。[20]

海德格尔的批评点明了三个非常重要的问题，该批评：1. 让我们明
白，对交互主体性的现象学研究不可以只关心面对面的遭遇。2. 试
图追问，到底二者哪个才是最基础的：是具体的面对面的遭遇，还
是在共同世界之中的生活？ 3. 还让我们去思考这样一个问题：如
果要对交互主体性给出一个令人满意的解释，关键在于强调还是抹
除自我与他人之间的差异？

1. 就第一点而言,海德格尔当然并不是唯一一个意识到这一事实的
   现象学家。萨特也声称,用具无疑指向了众多的身体性他人,他
   们是用具的制造者或使用者。[21] 就此而言,在我们关切各项事务、
   利用各种物品的活动中,他人的共同存在已经同时蕴含其中了。
   我们存在于世界之中,便始终依赖于他人:

> 　　寓居于一个有邻人出没其中的世界之中,并不仅仅意味着
> 有可能在每个街角都遇见他人;这同样也意味着发觉自己在和
> 这样一个世界打交道:这个世界中的用具复合体可能具有一种
> 并非由我的自由筹划才首先赋予它的意义。这也意味着,在这
> 个已经具有意义的世界之中,我遭遇了一个意义,这个意义是 96
> 我的,却又并不是我赋予的,而是我发觉我"已经具有的"。[22]

因此,世界之中使用对象的存在便表明了我们是由各个主体所构
成的共同体中的一员。在我运用设备或器具的过程中,我最直接
的目标和别人相比并没有两样:我把我自己理解成和我周围任何
一个人都一样可以互换的成员,并没有把我自己和他们区分开。
一旦我使用了他人为某个匿名消费者、为一个纯粹的"某某人"
所制造的器具,我便失去了自己的个体性。一旦我试穿一双鞋、
打开一个瓶塞、走进一部电梯、在电影院放声大笑,这个时候,按
萨特的说法,我都是在把自己变成"某某人"。[23]

　　我们也能在胡塞尔那里找到相关想法。早在《观念 II》中,
他便指出,除了源于别人的倾向以外,也有一些相对不确定的普
遍要求是由传统和习俗框定的:"人们"这样那样进行评判,"人

们"这样那样拿叉子，等等。㉔从他人那里，我学会了什么东西可以被视为正常的，而且实际上这些东西最初且最主要地是从我们身边最亲近的人那里学来的，也就是说，是从那些伴我成长、教我懂事的人那里学来的，他们都属于我生命中最亲密的圈子。我也正是以这种方式参与到了一个共同体的传统之中。胡塞尔把正常的生活视为世代传承的生活，并认为每个（正常）人都具有历史性，因为他们都是某个具有历史延续性的共同体的一分子。㉕最终，每个新生代都继承了既往世代辛勤劳动的成果，并在重塑这份遗产的过程中为维系该传统的社群统一做出了自己的贡献。共同体与共同体化究其本质已经超出自身并指向了世代相继的无尽历程，而这一事实又指向了人类存在本身所具有的历史性。

2. 在第二个问题上，舒茨给我们展示了一种比较均衡的看法。舒茨认为，面对面的遭遇——他也称之为"我们式关系"（we-relationship）——是基础性的，因为一切其他形式的人际理解的有效性都是从这种类型的遭遇之中派生而来的。㉖但他同时也强调，人际理解具有多种多样的形式形态，如果我们想要对这种多样性和复杂性形成正确认识，我们必须走出同感给我们框定的狭小视野。我们的他人理解从不是在真空中发生的；它绝不会呈现为快照的形式。通常情况下，我们在和他人遭遇的时候总是已经带有大量的知识储备了，其中既含有更为总体性的那类认识，而更多的还是那些有关某些个别人的认识，比如有关这个人的习惯、兴趣爱好等。㉗甚至在直接社会交往的过程中，这一类知识也会作为解释框架来发挥作用。

　　因此，在接受海德格尔批评的前提下，我们依然可以使用同感概念。人们只需承认典型的他人理解是情境性的，并意识到准确意义上的同感并不是把自己的感受投射到他人之中，而是把行为体验成是在表达心灵的能力，即在他人的表达性行为和有意义行动中通达其心灵的能力。

3. 至于最后一个问题，萨特对海德格尔的思路提出了严厉批评。轻视乃至无视面对面的遭遇，反而去强调匿名的、可替代的日常相互共在（being-with-one-another）中的重要程度——就像海德格尔说的那样，他人就是人们置身其中的那个群体，而"人们多数情况下不能将自身"从那个群体中"区分出来"[28]——按萨特的想法，这种论点忽视了交互主体性问题的关键所在：与彻底他异性相遭遇并发生冲突。萨特对于他人的他异性、超越性的强调随后在列维纳斯那里得到了彻底推进；列维纳斯同样也批评了海德格尔，认为他给出的是一种总体化解释，这种解释无法尊重并正确揭示他人的他异性和差异。[29]在他本人的著作中，列维纳斯进一步声称，我遭遇他人，等于是遭遇了某种不能用概念或者范畴来加以表述的东西："倘若一个人能够拥有、把捉、认识他者，那他也就不会是他者了。"[30]遭遇他人，其实是遭遇了不可言说的他异性。这是一种完全不由我的力量所决定的遭遇，具有诸如降临、临显、启示的特征。在这样一种独具特色的论述方式下，列维纳斯主张，我们与他人间的真正遭遇究其本质并不是知觉性或认知性的，而是伦理性的。[31]

对列维纳斯和萨特而言，任何试图消除自我和他人间差异的交互主体性解释都不会成功。而在其他现象学家看来，过于强调自我与他人之间不可还原的差异则会让人无法理解二者间的联 98

系。双方立场间的僵持局面表明，在自我与他人的相似和相异之间找到一种恰当平衡，是提供交互主体性的现象学解释时需要面临的核心挑战之一。

共 同 体

　　我们在关于社会性的现象学工作中发现的，并不仅仅是对于我们如何理解彼此的探讨。从这一初步工作出发，我们逐渐有了对更大的群组形态的丰富讨论，并最终走向了对共同体生活的专门研究。饶有趣味的是，这里我们也能够追溯出两条有分歧的现象学思路。既然已经有了上文那些不同的看法，这里的分歧或许也并不难猜到。其中一条思路是，共同体体验和"我们式关系"植根于并取决于人际理解的特定形式，因而想要对不同的群体形成过程给出恰当的现象学解释，就需要去研究各个体是如何在体验中相互联系起来的。而另一条思路则认为，任何过分拔高二元式面对面关系的做法都必定会忽视掉共同体生活中真正的独特之处。

　　我会依次把上述两种相互冲突的看法呈现给大家，并给出相应讨论。我们已经知道了舍勒的下述区分：一类是当他人的具有心灵的生命通过身体表现力显现在知觉中的时候，我们对其加以直接把握的能力，另一类是诸如类比推理这样的我们偶尔借助的间接形式。在《同情的本质》中，舍勒进一步提出了一套更细化的分类方法，来分判不同种类的情感关联关系，并强调了如下区分：

　　·情感传递（emotional contagion）：在此过程中，人受到了他人情感状态的影响（或说感染），比如其快乐或恐惧。

·同情（sympathy）：这是对他人情感状态的情感回应。

·情感共享（emotional sharing）：在此过程中涉及和另一个共主体
（co-subject）一起把某种情感体验为我们的情感。㉜

在《伦理学中的形式主义与质料的价值伦理学》中，舍勒再次提及 99
了上述区分，但这里他还进一步补充道，这些关联形式在不同的社
会单位中都会发挥作用，而哲学社会学的研究目标就在于建立一
套理论来说明不同的群组形态是如何相互关联起来的。为了举例
说明，舍勒区分出了群体（crowd）、联合体（association）和共同体
（community）：他认为，群体的支配形式是情感传递，联合体则是
一个由互不信任的、采用了类比推理的诸多个体以互为手段的方式
相互关联起来而形成的人为统一体，而共同体的基本特征则是情感
共享、信任与互利互惠。㉝因此，对人际关联与人际理解的不同形
式展开细致的研究和分析，这被看作是通向社会形态现象学的一项
重要起步工作。

　　舍勒区分了共同体和社会，我们在葛尔达·瓦尔特（Gerda
Walther）的著作中也能发现这一做法。瓦尔特将联合体界定为一
群个体的集合，其中各个体出于策略性或工具性考量而决定形成合
力。一个共同体则与此不同，它是由一群把自己和他人都理解为某
个"我们"中的一分子的诸多个体所形成的。瓦尔特对下列更具体
的问题也进行了探讨：共同体的现象学研究应该怎样去考察共同体
体验，而后者又是怎样包含了一条内在纽带、一种团结感或说一种
其成员中彼此之间的统一感。就像瓦尔特所说，"只有凭借他们的

内在纽带、凭借那种团结感，哪怕这种感觉仅仅是松散而有限的，一个社会形态也才能转变为一个共同体"。㉞

但这种内在纽带或统一感是如何形成的呢？值得我们思考的是，在这一点上瓦尔特明确承认，她本人的研究一定程度上要以此前现象学家针对同感所给出的分析为基础和前提。㉟她进一步具体地讨论了共同体体验是如何在交互同感行为的影响下被感觉为我们的，而非我的或你的。㊱

某种特殊类型的交互同感可能会在"我们"式视角的形成过程中发挥重要作用，这一想法也可以在胡塞尔那里找到。

在二十年代早期和三十年代的手稿中，胡塞尔主张，当我对一个在体验中同时反过来指向了我的他人形成同感体验的时候，我在体验他人的过程中也体验到了我自己，这一情形是"我们"式行为的可能性条件。㊲我呼唤了他人，而他人也意识到了他在被我呼唤并且做出应和。这一过程中发生了什么？胡塞尔对这一点进行了探索。我们二人都觉知到我们正在体验对方、理解对方，而从此时我们所面临的这些交际行为中能够建立起一种更高阶的人际统一体："我们。"㊳因而胡塞尔强调，对话在"我们"的构造过程中具有核心意义，并将交流视为一种创造共同体的行为。㊴

当然，对于这种坚持认定具身化二元关系在共同体体验中具有重要意义的做法，并不是所有现象学家都会买账。在海德格尔和古尔维奇的著作中，我们会找到各种各样的批评。鉴于我们此前已经讨论过海德格尔的立场，他的批评应该并不在我们意料之外。海德格尔不仅仅不承认同感具有任何存在论或知识论优先性，他还明确主张"相互共在不能被解释为一种你我关联"。㊵

海德格尔承认,许多方式都可以让人从埋没姓名、令人不适的茫茫人海中走出来,聚到一起,形成一支保龄球队乃至一伙劫匪。但是,只要我们仅仅把"我们"当作是一个复多体,一个"由众多个体的人构成的聚合物"[41],或一个"由各个孤立的'我'所构成的多数体"[42],我们肯定无法理解到底什么是真正的共同体[43]。在一份 1934 年的讲稿中,海德格尔进一步指出,并不是有几个独立的主体同意建立一个共同体,就能形成"我们"、人民(people)或民族(Volk)。相反,它总是已经被决定了的,其基础是共同的历史和血统。[44]

我们在古尔维奇的著作中也可以找到比较类似的批评。就瓦尔特对团结感的论述,古尔维奇提出了不同的意见。他认为,我们要认识到,策略性的伙伴关系有时也可以伴随有积极感受,而就算冲突和怨忿代替了积极情感,共同体也并不必然就因此会受到威胁乃至毁于一旦。由此看来,哪怕出现了人与人之间的负面情感,共同体成员身份也依然能够保有下来。可是,如果团结感并非构成共同体之为共同体的核心要素,那什么东西才是重要的呢? 在古尔维奇看来,本质要素是共同传统的存在。伙伴关系可以自愿发起,也可以自行解散,但我们是生在、长在共同体之中的,这种共同体成 101 员身份并不是某种人们自己说自愿取消就可以取消的东西。[45]这其实在相当程度上超出了个人意志和决断的范围之外。人们所参与其中的共同体的成员,并不是在其个人特性的基础上通过自由选择给挑出来的,而是基于一份共同的传承来确定的。因此,共同体化在本质上是历史性的。我们把自己植根于一个理所当然的情境之中,并以此来理解世界和理解我们自己,这样的行为方式深深地影响了我们在共同体中的成员身份。[46]

有关社会性基础的现象学纷争并没有在海德格尔和古尔维奇加入讨论后就画上句号。到底是二元性的面对面的遭遇更为基础，还是更具匿名性、共同性的与他人共在的形式更为优先，这一讨论至今仍在延续。[47]

本章注释

① Habermas 1992.

② Scheler 2008: 239.

③ Gurwitsch 1979: 14, 18.

④ Scheler 2008: 244.

⑤ Scheler 2008: 250–252.

⑥ Scheler 2008: 261.

⑦ Merleau-Ponty 1964b: 52–53.

⑧ Merleau-Ponty 1964c: 113, 114.

⑨ Merleau-Ponty 1964c: 117.

⑩ Sartre 2003: 369.

⑪ 参见 Stein 1989。

⑫ Husserl 1960: 92; Scheler 2008: 220.

⑬ Merleau-Ponty 2012: 372.

⑭ Husserl 1973a: 8–9, 442.

⑮ Husserl 1960: 109.

⑯ Levinas 1987: 94.

⑰ 更多有关现象学社会认知研究思路与心灵理论之争中主流立场间的差异，见 Gallagher 2007 和 Zahavi 2011。

⑱ Heidegger 2001: 145.

⑲ Heidegger 1985: 240.

⑳ Heidegger 1985: 243.

㉑ Sartre 2003: 363, 365.

㉒ Sartre 2003: 531.

㉓ Sartre 2003: 448.

㉔ Husserl 1989: 281–282.

㉕ Husserl 1973b: 138–139, 431.

㉖ Schutz 1967: 162.

㉗ Schutz 1967: 169.

㉘ Heidegger 1996: 111.

㉙ Levinas 1969: 45–46, 67–68, 89.

㉚ Levinas 1987: 90.

㉛ Levinas 1969: 43.

㉜ Scheler 2008: 8, 12–13, 15.

㉝ Scheler 1973: 525–529.

㉞ Walther 1923: 33.

㉟ Walther 1923: 17.

㊱ Walther 1923: 85.

㊲ Husserl 1959: 136–137.

㊳ Husserl 1989: 202–204, 254.

㊴ Husserl 1973b: 473.

㊵ Heidegger 2001: 145–146.

㊶ Heidegger 2009: 55.

㊷ Heidegger 2009: 34

㊸ Heidegger 2009: 45.

㊹ Heidegger 2009: 50, 72.

㊺ Gurwitsch 1979: 122–124.

102

㊻　Gurwitsch 1979: 132.

㊼　Schmid 2009; Zahavi 2016.

进阶阅读指南

· Søren Overgaard, *Wittgenstein and Other Minds: Rethinking Subjectivity and Intersubjectivity with Wittgenstein, Levinas, and Husserl.* New York and London: Routledge, 2007.

· Anthony Steinbock, *Home and Beyond: Generative Phenomenology after Husserl.* Evanston, IL: Northwestern University Press, 1995.

· Michael Theunissen, *The Other: Studies in the Social Ontology of Husserl, Heidegger, Sartre and Buber,* trans. C. Macann. Cambridge, MA: MIT Press, 1986.

· Dan Zahavi, *Self and Other: Exploring Subjectivity, Empathy and Shame.* Oxford: Oxford University Press, 2014.

第三部分

应用现象学

作为一门哲学工作，现象学的研究旨趣首先并不在于促进实证
知识的增长或拓宽其研究领域。现象学的任务并不是去发现世界
中不同领域的新的经验知识，而是去研究这种知识的基础并澄清其
可能性。正如海德格尔所言，"从事哲学思考，就意味着自始至终
都完全被那些在常识看来不言自明、毋庸置疑的万物之谜所困扰，
并对这些谜题保持高度敏感"。① 按某一派解释来说，这片日用而不
知的领域其实正是现象学试图研究的对象，而它之所以能够对此展
开研究，在于它以一种特定的哲学态度为前提。

既然现象学探索具有明确的哲学性，人们也许会想问，它能
否给实证科学带来一定价值。现象学是否能给经验工作带来启发
呢？我会在下面两章中表明，答案当然是肯定的。现象学针对人类
存在给出了这样一套描述，其中主体被视为一种具身化的、植根于
社会与文化之中的"在世界之中存在"；由此，现象学不仅能去分析、
揭示出那种在大多数自然科学学科中都发挥着作用且普遍习以为

104　常的思维框架，并且还能对包括人类学、社会学、心理学、文学、教
　　育学等在内的众多人文社会学科提供重要贡献。

　　　接下来，我会主要讨论社会学和心理学。现象学不仅对这两门
　　学科具有影响，而且其影响重大且持久，以至于我们完全可以谈论
　　某种现象学社会学和现象学心理学。

注释

①　Heidegger 2010: 18.

第九章　现象学社会学

让我们首先来看看现象学是如何影响社会科学的，尤其是社会学这个领域。行文至此，我们应该很清楚，现象学家非常重视交互主体性；胡塞尔甚至声称，现象学的适切发展会导向一门哲学社会学。① 总的说来，把现象学理解为某种形态的元社会学或原型社会学（meta-or protosociology）并不是件难事。现象学为人类社会存在给出了一套根本性解释，由此也阐明了社会科学的操作框架。或者说得更简单一些，要对社会实在给出一套可信理论，需要以一套人类（交互）主体性的可信描述为前提，而现象学恰恰可以给我们提供这套描述。而从事实来看，我们也能够在社会学内部找到一派独特的传统，该传统在论题、概念和方法等方面都从经典现象学中有所借鉴。就让我们依次对该传统的几位主要人物展开考察：《社会世界现象学》(1932)的作者，阿尔弗雷德·舒茨；《现实的社会构建：知识社会学刍议》(1966)的作者，彼得·伯格（Peter L. Berger）和托马斯·卢克曼（Thomas Luckmann）；以及《常人方法学》(1967)的作者，哈罗德·加芬克尔（Harold Garfinkel）。

舒　茨

106　　研究者通常把阿尔弗雷德·舒茨视为现象学社会学的创始人。[②]
舒茨一开始是受到了马克斯·韦伯解释社会学的启发。不过，尽管
韦伯把意义行动视为社会科学的核心话题，尽管他也强调，对个体
行动者赋予给本人行动的意义展开明确的专门研究是非常重要的，
但韦伯并没有针对社会意义本身的构成展开研究，也没有追问知识
论和意义理论中的根本性问题。舒茨正是想填补这一空白，而他的
填补方法是把韦伯社会学和胡塞尔现象学结合起来。[③]

　　舒茨认为，既然是生活世界而并非科学中的数学化世界构成了
社会关联与社会行动的基本框架与舞台，那么社会学家就应该以生
活世界为出发点。我们需要的是对日常生活的系统考察，而这就要
求一种全新类型的社会学理论。在这一点上，舒茨有两方面的具体
贡献。其一，他致力于描述并分析生活世界的本质结构。其二，他
提供了一套解释，来说明主体性是如何参与到社会意义、社会行动
以及情境的构成当中去的。在胡塞尔对意向性分析的基础上，舒茨
相应地指出，社会世界是在不同的意向体验中得到揭示和显现的。
社会世界之所以有意义，这是由各个主体构造而成的；因此，为了
理解社会世界并对其进行科学性研究，我们有必要去考察那些社会
世界为之而存在的各个社会行动者。

　　社会科学家必须就日常行动者构想出可信的解释，能涵盖意
识、动机、自身诠释以及理解能力等各方面要素。对于那些我们所
研究的行动者本身而言，社会结构和社会关系到底有怎样的意义和

地位，搞清楚这一点恰恰属于社会学研究任务的一部分。④ 因而，在舒茨看来，社会科学的研究对象比自然科学的对象更为复杂。正如他所说，社会科学必须采用"二阶思维"，⑤ 因为这些学科的"对象"——社会行动者——本身所采用的是"一阶思维"来对待其周围的实在。这就把社会科学和自然科学彻底区分开了：后者显然无需考察其研究对象的自我诠释和理解能力（电子和氨基酸不具备自我理解能力）。因此，舒茨明确拒绝了还原论的研究方案，比如行为主义和实证主义，因为这二者都试图把人类行动还原为可观测的行为与刺激-反应机制。

　　对于舒茨来说，社会学研究的首要对象不是制度、市场形势、社会阶层或权力结构，而是人，即行动着的、有所体验的个体；社会学既要在这些个体与他人的无数关系中来对他们加以考察，同时也要关注到他们自身进行着意义构造的主体生活。当然，舒茨并不是在说，社会学完全不应该去关心诸如制度、权力结构等此类的事物。他只是在说，像"权力结构"这样的概念必须被视为某种"理智速记条"，对于某些目的而言它非常有用，但它绝不可以让我们忘记这一事实：权力结构最终要以体验中的、进行诠释的、行动着的个体为前提。⑥

　　那么舒茨又是如何描述、刻画我们在社会世界中的日常生活的呢？类型化（typification）是舒茨的一个核心概念。当我们在世界之中进行体验和探索的时候，我们会运用一整套的准则和诀窍，即一类实践性的"方法知识"。生活世界中的对象并不单纯是一个个独一无二、个性十足的存在者，而是"山""树""房子""动物"和"人"。无论我们遭遇到的是什么，我们都已经或多或少地对这个东

107

西的"类型"有所了解。一个人若是对树的了解非常有限，或许分辨不出她在树林中走过的这棵树是一棵榆树还是一棵山毛榉，但她会立刻把它认成"一棵树"。换言之，我们拥有一种关于周遭环境的基本知识。这种知识的主要来源是此前的体验——既包括我们自己所经历过的，也包括别人传授给我们的。我能完全自然而然加以运用的类型性假定、预期和规范，而这些东西中的大部分都源于社会，且为社会所公认。

类型化在我们理解他人的过程中也发挥了重要作用。要明白其原因，非常重要的是先明白这一事实：社会世界是多样而复杂的，人际理解同样如此。后者会发生各种变化，这要看我们的理解对象是否亲身在场，或者，是否已经在时间或空间中被移除了。这取决于他人到底是属于我们的同伴所构成的世界、同时代人的世界、前代人的世界还是后代人的世界，或者用舒茨自己的原创术语来说，要看他人到底是属于我们的周围世界、同代世界、前代世界还是后代世界。⑦社会世界具有多个层面，而现象学社会学的重要任务之一，就是去对这些不同的层面展开细致分析。

我们主要关注那些发生在我们周围世界之中的社会遭遇，这似乎是很显然的一个做法；但是，就像舒茨所指出的那样，这种关注终究是过于狭隘和局限的，它只涵盖了社会世界中的一小部分，尽管这一部分的确很核心、很基础。我们不应当忘记，我也能够去理解那些之前我曾面对面遭遇过、但如今在国外定居的人；我也能理解那样一群人，这群人我当然知道他们的存在，只不过并不把他们视作具体的个体，而是视为按特定角色和功能在社会位置之中确定下来的点位，比如说，税务员、警察或全科医生；我还能理解那些在我自己出生之前存在的人，比如说前代世界的成员。⑧

让我们更仔细地来考察一下我们与同时代人打交道的方式——所谓同时代人，指的是那些我有条件直接体验到的（因为我们共存于同一个时代）、但实际上却并没有体验到的人（因为他们并没有出现在我的直接环境中）。面对面关系涉及对他人的直接体验，哪怕这种直接体验可能只是在不经意间发生的——比如说，在地铁上和一个陌生人的偶然邂逅——而我对同时代人的理解从定义上看就是间接的、推论性的、非人际的，哪怕这种理解在其他性质上的差异可能是千差万别。⑨ 我们不妨举个例子，来比较一下这两种情形：我与我一个刚刚踏上前往智利的旅途的密友之间的关系以及我对这人的理解，和我与一个刚刚把包裹给我派发过来的、不知道姓甚名谁的书商之间的关系以及我对这人的理解。虽然他们都属于我的共同世界，但我对他们二人的理解显然有巨大差异。不过，尽管我对我的朋友可能了解得非常透彻，我对他作为同时代人的理解也并不具有面对面的遭遇所特有的那种直接性 ⑩；这种对同时代人的理解，总是要基于那些从社会世界的普遍认识中提炼而来的诠释性判断，并且在类型性结构的影响下得以塑造与定型 ⑪。我会假定，他始终如实地展现了自身性格，且从未有所改变。当考虑到某些会关联到更加不确定的他人的行动时，类型会起到更为突出的作用。不妨设想一下当我在寄信时所发生的那种社会理解。在寄信过程中，我的行动受到一系列假定的指引，而这些假定都是我针对某些同时代人（即邮递员）所做出的。我假定，他们会读出我写的地址，并把信投递到收信人手中。我并不认识他们，我也并没有把他们看作具体的个体，但在我的行为过程中，我把他们视为理想

109

类型、视为特定功能的承载者，并由此与之关联起来。一个典型的邮政工作者能够读懂我的笔迹，我把地址写在信封上的典型位置，等等。简言之，我试图把我自己变成一个典型的"寄信人"。[12]这样一来，类型化（以及思维定式）便使得日常生活能够按部就班地运转下去。

在日常生活中，我们总是游走于周围世界和共同世界之间，而正如舒茨所说，从一种世界转移到另一种世界对我们而言并非难事。之所以如此，是因为我们总是把自己和他人的行为放在意义情境之中来进行诠释，而这些意义情境都超出了此地此刻的限制。从这个意义上来看，想要追究我们的关系到底是直接还是间接的，这样一种偏狭的追问还是有点太学究气了。[13]理想类型的运用并不仅仅局限在同时代人的世界中（或者局限于前代人世界或后代人世界）。我们所习得的理想类型成了我们知识储备的一部分，也开始会对我们的面对面互动施加影响；也即，它们会作为诠释图式来发挥作用，甚至是在直接社会体验的世界中也有它们的用武之地。[14]

一旦我自然而然地习惯了这样去做事，整个实践知识或"方法知识"的体系（其中包含了我的类型化思维）便一如既往地始终居于幕后。这一点显然和我日常实践活动的关注点相关联：我有信要寄，有杂货要买，得带小孩去上学，等等。这些活动以及由这些活动所构成的各种各样的规划与安排，部分地指引着我干活办事的轻重缓急和兴趣所在。我的实践知识，包括我的各种类型化思维，都是我会完全自然而然、直截了当地拿来运用的工具，我几乎不会停下脚步来反思它们。就像舒茨常常说的那样，我把它们视为理所当然，并不质疑其有效性，也不会加以仔细审视。[15]舒茨也跟胡塞尔一样把这种未经质疑、不加批判的态度称为"自然态度"。

　　不过，我们的背景性知识并不是一成不变的。只要我的类型化 110
思维帮助我达成了我的目标，它们就会进一步强化下来；但如果它
们一再地失败，我也会以典型的方式去进行修正。正如舒茨所说，
我们的背景性知识的确被我们看作是某种理所当然的东西，但这仅
限于"进一步注意之前"。[16] 举例来说，假如我多次发现，收信人并
没有收到我的信件，我就会修正我对典型邮政工作者及其典型行为
动机的预设。但从另一方面来说，也只有依赖于其他的假设和类型
化思维，我才能应对上述情况。比如说，我可能会给皇家邮政寄去
一封投诉信，而这个行为暗含了这样一个假定：某些行政人员会以
某些典型方式来进行回复（比如说，他们会读我的投诉信，而不是
一字不读就扔进碎纸机）。当然我也可能不去投诉，而是决定从今
往后我都只用电子邮件，而这又假定了我的互联网服务供应商会有
某些典型的行为方式，等等此类以及其他各种预设。因此，若非其
他的类型化思维和假定始终同时起着作用，即便个别的类型化思维
仅仅是在"进一步注意之前"被视为理所应当，我也几乎没有任何
条件去弃置它们。因此，舒茨总结道，只有置身于一个被视为理所
当然的世界所构成的情境之中，我才能够去追问、质疑某些个别情
形的合理性。而生活世界却是"任何可能质疑的基础"，它本身是
无可置疑的。[17]

伯格与卢克曼

　　舒茨于二战前不久移民到美国。自此，现象学社会学进入了美

国社会科学家的视野。也正因如此，两派新兴的现象学社会学首次引入美国学界：知识社会学（sociology of knowledge）和常人方法学（ethnomethodology）。

　　舒茨曾多次指出，认知中的社会性因素是一个尚未得到充分研究的领域，这门领域可以称为"知识社会学"。[18]舒茨门下的两位弟子，彼得·伯格和托马斯·卢克曼，在他们的著作《现实的社会构建：知识社会学刍议》（*The Social Construction of Reality: A Treatise in the Sociology of Knowledge*）中承担起了填补这一领域空白的任务。在这本影响重大的著作中，伯格和卢克曼试图把舒茨的理论视野应用到诸如身份、社会化、社会角色、语言以及常态与反常等重要概念的探讨之中。他们声称，知识社会学的任务是去分析不同种类知识的形成与维系过程中的社会性条件，其涉及面既包含科学知识也包含日常知识。伯格和卢克曼的做法拓宽了知识社会学的研究范围，超出了舒茨曾划定的"认知中的社会性因素"这一核心问题。[19]但是，他们和舒茨的根本洞见是一样的。简而言之，知识社会学所感兴趣的，是知识的生产、传播及内化方式；它要考察的，是各种形式下的知识是如何通过社会性因素来确立其有效性的。[20]不过，伯格和卢克曼也强调：

　　　　知识社会学必须首先关注人们在非理论或前理论的日常生活中"认识"为"实在"的那些东西。换句话说，知识社会学的核心关注点必定是常识"知识"，而非"观念"。恰恰是这种"知识"构成了社会之存在所不可或缺的各种意义所具有的基本结构。[21]

这一研究方案对所有客观主义和实证主义的社会理论构成了挑战。任何试图把社会实在视为独立的自然存在者、视为非人的乃至超人的物的研究思路，都是伯格和卢克曼要拒绝的立场。[22] 正如他们所说，社会秩序是人类活动的产物；它既不是通过生物学特征来界定的，也不能以任何其他的自然事实来加以界定："社会秩序并不属于'物之自然'，它也不能从'自然法'之中推演得来。社会秩序仅仅作为人类活动的产物而存在。"[23] 社会理论的任务是提供一套解释，用以说明人类是如何通过各种各样的互动形式来创造出并框定好各种社会结构和社会制度，这些结构和制度或许起初所具有的仅仅是一种共享的、主体间的实在性，但最终却变得"外化"并获得了客观实在。舒茨也会认为，这一过程很大程度上是凭借制度化了的类型化思维来实现的。[24] 人类活动在制度化的影响下屈从于社会控制。建构起来的社会结构规定了什么是正常的东西，而为了维持社会秩序、避免偏离常态，人们引入了制裁手段。随着时间的流逝，制度渐渐看上去成了必然如此和客观存在的。不过： 112

> 需要注意的是，无论在个体的眼中制度世界的客观性是多么地庞大坚固，它也总是一种由人制造出的、构建出的客观性［……］。制度世界是客观化了的人类活动，而任何一个具体制度也都如此。［……］人能够制造出一个世界，可他却随后会把这个世界体验为某种不同于人类产物的东西，这个矛盾现象我们随后会具体研究。就现在而言，重点在于强调，作为生产者的人及其产物社会世界之间的关系是并且始终是一种辩证关系。也就是说，人（当然，这指的不是孤立个体而是位于集

体中的人）及其社会世界之间会相互造成影响。产物反过来会
作用于生产者。[25]

因此，社会实在并不仅仅是一种外化的、客观化的人类产物，它同
时也会反过来对人类造成影响。这种影响不仅仅在于我们会把它
视为一种我们无法抗拒的外来压迫力量，也在于社会实在是某种人
类个体能够"内化"的东西。我们是在社会之中而不是在社会之外
成长起来的。在我们长大成熟的过程中，我们从他人那里学会了一
门语言，学会了各种角色、态度和规范。[26]伯格和卢克曼强调，人类
社会必须"按照一种在外化、客观化和内化三个环节中持续展开的
辩证法来理解"。[27]

加芬克尔

《现实的社会构建》在六十年代后期和七十年代间颇为流行，
是一本大幅推广了舒茨想法的著作。另一派受到了舒茨重要影响
的美国社会学流派是所谓常人方法学，是哈罗德·加芬克尔在六十
年代初期引入学界的。加芬克尔受到了胡塞尔、梅洛-庞蒂和海德
格尔的影响，但给他带来主要灵感与启发的还是舒茨、阿隆·古尔
维奇和帕森斯。与伯格和卢克曼不同，加芬克尔从没有在舒茨门下
学习过；但加芬克尔的社会学进路却展现了极强的舒茨式思想。相
比之下，舒茨始终是一个社会理论家，而加芬克尔却把现象学具体
地应用到了体验研究的过程中。

　　　简单来讲，常人方法学的任务就是去考察社会行动者是如何以

一种有意义的方式为其社会环境赋予结构。常人方法学家试图像舒茨一样从参与者视角来看待事物，并试图理解参与者的生活形态是如何基于各个参与者之间的互动而生成的。研究要点并不在于在某种特定的生活形态或"对"或"错"的问题上给个定论，而是在于搞清楚行动者究竟是以怎样的方式才形成了他们所持有的意见和诠释。常人方法学把社会结构（角色、制度，以及文化意义体系和价值体系）视为社会互动的产物，而不是把它们当作预先存在的决定性要素。因而社会实在就被理解为一种脆弱的、易受影响的建构产物，它本身是在各个参与者的积极活动下才维系下来的。正如胡塞尔曾指出的那样，世界只是看上去十分稳定地存在着。而实际上，这只是一种建构出来的常态，理论上讲有崩溃的可能。㉘

　　按加芬克尔的说法，我们都在不停地构建一个置身其中会感到自由自在的世界。就像舒茨也曾强调过的那样，这种建构活动部分程度上是通过类型化而发生的。我们会利用各种各样的惯例和准则来应对社会实在。这些惯例和准则逐渐内化，并由此隐退出我们的视野。这样一来，我们就变得很难触及那些社会意义和社会秩序的生产条件了。但是，常人方法学发展出了一套独特的方法，可以揭示出人们在确立和维系社会秩序的过程中所采用的那些习惯做法。㉙所谓的违背实验是上述方法之一，它在于创造出一些情境，在其中我们的正常背景性假定被颠覆并因而变得清晰可见。在某个实验中，加芬克尔要求他的学生回到家里以后一举一动都要像个客人一样，并记录下家庭成员的反应。这些反应各有不同，有的人会困惑，有的人会生气，而这在加芬克尔看来都展现出了社会秩序的脆弱性：我们亲自促进了这一套秩序的生产，但我们也总倾向于视之为理所当然。[30]在另一个实验中，加芬克尔要求他的学生在一段日常对话中也去贯彻同样的原则。下面就是一个例子：

> 学生：嗨，罗伊。你女朋友感觉怎么样啊？
>
> 被试："她感觉怎么样"，你这句话是什么意思？你说的是身体上的还是精神上的？
>
> 学生：我就是在问她感觉怎样啊？你怎么回事？
>
> 被试：没什么。你再讲清楚一点，你到底想说什么？
>
> 学生：算了吧。你医学院的申请怎么样了？
>
> 被试：什么"申请怎么样"，你什么意思？
>
> 学生：你知道我在说什么。
>
> 被试：我完全不知道。
>
> 学生：你怎么回事？你病了吗？[31]

114

加芬克尔想要展现的，是我们如何把"他人理解我们"这一事实视为一种理所当然的情况，以及这种相互理解在多大程度上需要有这样一个前提：我们默认为对话前提的那些要素，是我们的对话者也能理解的东西。

总体上来看，加芬克尔想要强调的是我们各种活动的情境相关性。我们对任何情境、行动或现象的理解都依赖于情境。即便是在使用理想化、标准化概念的过程中，这种依赖性也无法完全克服或悬置不顾，而必定被视为人类理解活动中的基本特征。我们的理解活动永远无法全部得到澄清，而总是依赖于一系列默认假定所构成的视域。

在常人方法学的一系列成果之中，人们往往会强调那些在法庭、医院和警察局中开展的具体研究。这些研究的目的在于，探究那些隶属于这些机构的人会如何来完成工作任务，并由此维护上述机构的价值，使之具有合法地位。这些案例包括：精神科医生如何诊断病人，陪审团成员如何定罪，验尸员如何断定死因，等等。常人方法学试图去重构出那些引导着外在观测到的行为的底层规则和专用程序，并把那些指引着参与者行动的暗含理解给明确表达出来。

常人方法学常常批评那些试图在众多预先设定的范畴——包括性别、阶级斗争等——的框架下来分析社会实在的社会学理论。常人方法学认为，上述做法是在给世界套用理论，而不是进行描述。这种做法不假思索地认为，有一个稳定的、具有现成结构的世界，而这种假定正是常人方法学的质疑对象。与其把社会世界强行塞进各种预先设定的理论范畴，我们反而更应该去考察：人们自己如何体验他们的社会实在？对于他们生存其中的现实所具有的秩序，社会行动者本身是如何在其中探索方向并为这一秩序做出解释的？

* * *

让我简单重述一下现象学社会学的部分主要特征。其一，所有现象学家都坚持描述方法，而拒绝理论思辨。其二，现象学社会学强调重视日常生活的必要性。"自然而然地按习惯做事"的、以实践为导向的、有常识的人，及其体验之中的生活世界，是社会学的首要研究对象。其三，现象学社会学家始终对各种社会结构（制度、组织、族群、阶层等）的实体化倾向表示警惕。人类主体性并不是单纯受到社会力量的塑造和限定。在与他人互动的过程中，主体性也塑造了社会实在。社会学的任务在于理解这种构造进程的各种运作细节。简言之，现象学社会学的根本要旨是：如果不把个体主体性的贡献考虑在内，任何日常社会生活的解释都是不完备的。

本章注释

① Husserl 1962: 539.

② 舒茨（1899—1959）最初学习的是法学，1921 年在维也纳获得了博士学位。此后，他在银行中谋得了职位，一直到 1943 年他移民美国之后，舒茨才在大学中获得了兼职岗位，这个大学就是纽约的社会研究新学院（New School for Social Research）。1952 年，他当上了该校教授。

③ Schutz 1967: 13.

④ Schutz 1962: 6; Schutz 1964: 7.

⑤ Schutz 1962: 6.

⑥ Schutz 1962: 34–35; Schutz 1964: 6–7.

⑦ Schutz 1967: 14.

⑧ Schutz 1967: 142–143.

⑨ Schutz 1967: 177, 181.

⑩ Schutz 1967: 178, 183.

⑪ Schutz 1967: 181, 184.

⑫ Schutz 1962: 25–26.

⑬ Schutz 1967: 178.

⑭ Schutz 1967: 185.   116

⑮ Schutz 1962: 74.

⑯ Schutz 1962: 74; Berger & Luckmann 1991: 58.

⑰ Schutz 1962: 74.

⑱ Schutz 1962: 15, 149; Schutz 1964: 121.

⑲ Berger & Luckmann 1991: 28.

⑳ Berger & Luckmann 1991: 15.

㉑ Berger & Luckmann 1991: 27.

㉒ Berger & Luckmann 1991: 106.

㉓ Berger & Luckmann 1991: 70.

㉔ Berger & Luckmann 1991: 85–96.

㉕ Berger & Luckmann 1991: 78.

㉖ Berger & Luckmann 1991: 149–157.

㉗ Berger & Luckmann 1991: 149.

㉘ Husserl 1973b: 214.

㉙ Garfinkel 1967:37–38.

㉚ Garfinkel 1967:42–43.

㉛ Garfinkel 1967:42–43.

进阶阅读指南

· Peter L. Berger and Thomas Luckmann, *The Social Construction of Reality: A Treatise in the Sociology of Knowledge*. Harmondsworth: Penguin, 1991.

· Harvie Ferguson, *Phenomenological Sociology: Insight and Experience in Modern Society*. London: SAGE Publications, 2006.

· Harold Garfinkel, *Studies in Ethnomethodology*. Cambridge: Polity Press, 1984.

· John Heritage, *Garfinkel and Ethnomethodology*. Cambridge: Polity Press, 1984.

· Alfred Schutz, *The Problem of Social Reality: Collected Papers I*. The Hague: Martinus Nijhoff, 1962.

第十章　现象学心理学、
定性研究与认知科学

　　现象学为心理学提供了不少洞见，这一点应该不会出乎我们 意料。初看起来，我们或许能相当直接明了地总结出现象学所做贡献的特点所在。相比起行为主义、计算主义等各式各样的还原论思路，现象学启发下的心理学始终坚持主体视角的突出地位。这一流派会把人类体验看作一个本身就值得深入研究的领域，并力图重视参与主体的体验性陈述和关切。它会探索主体的生活世界，并试图去理解什么东西在主体眼中是有意义的，理解主体是如何看待他们所体验到的东西的。其研究焦点并不在于界定出亚个体（subpersonal）的原因和相关因素，而是在于体验、在于意义。比如说，面对一个脑瘫个体，现象学心理学家会试图理解这样一种情形下的生活体验会是什么样的，并试图探索这个病症如何影响了该个体的体验生活，而并不会去对患者上运动神经元的损伤情况进行探究。

　　而接下来我们会看到，如何才能更好地把哲学现象学（philosophical phenomenology）中的想法应用到心理学领域，这个问题仍在持续讨论。不同的思路有很多，因此，比起此前现象学社会学的

118 讨论，我在这一章中给大家呈现的概述会更复杂、更多面。

现象学心理学

这门学科的源头应该从何算起呢？ 1880 年代的维也纳或许可以算作一个起点。毕竟，胡塞尔正是在这里听了弗朗茨·布伦塔诺的课。布伦塔诺是著名的心理学家、哲学家，他关于意向性的撰述颇丰，并坚定认为，对意识进行细致描述具有重要意义。不过我们也可以从胡塞尔自己的部分后期写作出发。在这些论述中，胡塞尔明确区分出了两种不同的现象学意识研究思路。一方面我们有先验现象学，另一方面我们又有胡塞尔所谓的现象学心理学。① 二者间的差异是什么？它们都以意识为对象，其研究过程中的设想和规划却有所不同。在胡塞尔看来，现象学心理学的任务是研究意向性意识，但其方法是非还原论的，也即尊重意识的独特性和各种特殊性质。现象学心理学是一门既重视第一人称视角却又仍然置身自然状态之中的心理学，这是它和哲学现象学的差异所在。在胡塞尔看来，现象学心理学家并不是哲学家而是实证科学家，因为她不会去追问某些根本问题。

这个区分的意义在哪里呢？尽管胡塞尔主要的研究兴趣在哲学现象学上，他也并未忽视这一事实：他的分析或许与心理学的意识研究有关，并会给后者带来影响。正如他在 1928 年 "阿姆斯特丹讲稿"（Amsterdam Lectures）中所提到的那样，如果心理学想要以严格科学的方式建立起来，那么它就需要对体验生活有一套准确的理解和概念，而这正是现象学能够提供的东西。现象学带领我们回到体验本身，而不是用有关意识本质的思辨和理论来敷衍了事。
胡塞尔认为，现象学心理学家应当把源自其他科学领域的理论偏见
悬置起来，以便集中精力关注被给予的东西，而其目标在于获得有
关行为和对象间本质性相关关系的洞见。②　不过，需要注意的是，
尽管胡塞尔确实曾就现象学心理学展开过讨论，对于他而言这门学
科本身绝非终极目的，而始终是走向另一学科的手段，即哲学现象
学。就像他在《危机》中所说："必定有这样一条道路，能够让人从
一门具体落实了的心理学走向先验哲学。"③　胡塞尔甚至偶尔会强
调，经由现象学心理学走向先验现象学的思路在现象学教学上独具
优势。他认为，人们可能一开始对先验哲学毫无兴趣，仅仅只想去
建立一门具有严格科学性的心理学。如果人们能以一种非常彻底
的方式去贯彻这个任务，能足够精准细致地去研究意识的结构，那
么最终人们必然会踏上完整的一步，进行先验转向，由此迈进了哲
学现象学的大门。④

　　综上而言，若要评价胡塞尔在现象学心理学上的工作贡献，明
确这样一个事实尤为关键：胡塞尔主要关心的，是如何能够更好地
引人走进真正的哲学思考本身，而并不是在实验手段或访谈方法上
给出具体指导。

　　不过很快胡塞尔的课程和著作就在实验导向的心理学家那里
成了他们的灵感来源。大卫·卡茨（David Katz，1884—1953）是
其中一位值得关注的早期人物。他曾在哥廷根求学于胡塞尔，主要
是凭借在触觉现象学和色彩现象学上的重大贡献而为人所知。

　　卡茨著作等身，撰有二十余本书籍和专著，这些作品都有一个
统一而鲜明的特征：他对人类体验和现象世界抱有高度兴趣。在卡

茨的讣告里，麦克劳德（MacLeod）这样说：在卡茨看来，任何心理学家都"应该在一开始就有意识地给自己具有的物理学、生理学以及哲学偏见'加括号'，并力图就现象实际所呈现的那样来观察它们"。⑤其实，就像卡茨在他的《色彩的世界》（*The World of Colour*）导论中所写的那样：

> 如果不同时忽略掉研究色彩的其他可能视角，我们便不可能对色彩现象给出一套全方位的描述。如果要完成这个任务，我们就必须严格遵循且仅仅遵循描述现象学的视角［……］。色彩的空间显现样态和光照现象，是本书所述研究的核心内容。只有当一双受过现象学训练的眼睛聚焦于光照问题，并把它看作是一个独立的现象，我们才会发现，光照也完全可以被视为一个独立的心理学问题。⑥

非常重要的是，卡茨并不是在反对量化研究和主流心理学理论，也并不是对这些东西不感兴趣。实际上，对卡茨来说，单纯地轻信事物表面所见，且回避实验研究和理论建构的严格要求，并不是现象学心理学的题中之义。恰恰相反，现象学心理学要求研究者接受扎实的训练，它会促进我们更好地做实验、搞理论。通过一系列的仔细研究，卡茨揭示出了日常人类体验中许多微妙差异，而这些差异直到当时都一直为实验心理学家所忽视。例如，在卡茨的触觉研究中，他细致入微地区分出了表面触觉、沉浸触觉和体感触觉⑦，由此分别指出了这三种触觉的差异：感觉一个二维表面结构，把手浸泡在不同种类的液体中并体验那种缺乏特定形状或模样的触觉现象,以及通过皮肤表面的触诊感觉到皮下骨折。针对运动和触觉之间的联系,卡茨也给出了重要研究成果,并指出,运动之于触觉就像光之于视觉一样不可或缺[⑧]。

在最早一批受到现象学影响的知名研究者中,卡茨只是其中一员。这些学者对当时的主流理论(无论是行为主义还是精神分析)都持有一定批判态度,同时也针对人类存在的各种不同领域给出了富有启发的重要分析。起初,他们大都在德国活动,但不少人在三十年代都被迫移民。他们的影响力在战后开始扩展,在诸如瑞士、法国、荷兰、丹麦、瑞典和美国等地都有活跃的研究环境。[⑨]重要人物包括 E. 施特劳斯(E.Straus,1891—1975)、林斯霍腾(Linschoten,1925—1964)、弗洛姆(From,1914—1998),他们的研究增进了我们在感觉体验和空间性(1935)、睡眠(1952),以及人际理解(1953)等方面的认识。[⑩]

现象学精神病学

121

从很早开始,就有不少重要的精神病学家也对现象学产生了兴趣,并受到了影响。只要想想这门学科的研究对象,这一进展在某种程度上其实是相当自然的。只要我们想想某些在不同心理病理状况下会遭受影响的关键体验范畴,比如时间体验和空间体验的结构、自我和非我之间的划分、对自身身体的体验、自我的统一性和同一性以及社会交往中的性格,现象学资源的相关性便是显而易见的了。正如我们在此前看到的那样,现象学在这些领域做出了大量分析,而对于任何一个想要去理解并将患者的体验概念化的精神病学家, 这些分析都包含了极富价值的内容。

我们不妨看看雅斯贝尔斯(1883—1969)做出的早期贡献。在成为一名极具影响力的存在主义哲学家之前, 他曾是一名精神病学家。早在 1912 年, 雅斯贝尔斯就发表了一篇短文, 概述了精神病学如何能够从胡塞尔思想中汲取资源。⑪ 这一设想在一年以后的《普通心理病理学》(*General Psychopathology*)中得到了跟进。这部里程碑式的著作此后多次再版, 书中内容坚定地贯彻了这样一个想法: 精神病学若想取得任何进步, 那么它就必须考虑到患者的体验视角。书中包含了许多病理体验的细致描述, 雅斯贝尔斯也着重强调了精神病学在多大程度上需要哲学工具和哲学区分。正如他所说, "精神病学家的能力、水平, 和他所受教育与所学知识在多大程度上能让他有资格位列哲学系一员是相当的"。⑫

许多瑞士、法国和德国的精神病学界领军人物, 比如宾斯万格(Bingswanger, 1881—1966)、闵可夫斯基(Minkowski, 1885—1972)、布兰肯堡(Blankenburg, 1928—2002), 都延续了这一现象学精神病学的传统。例如, 布兰肯堡的大作《自然自明性的丧失》(*The Loss of Natural Self-Evidence*)就试图去揭示我们的"在世之在"在精神分裂症患者那里是如何发生转变的。布兰肯堡认为, 精神分裂症的基本特征是"常识陷入危机"或"自然自明性的丧失"。⑬ 这里所说的自然自明性或常识, 指的是一种对"游戏规则"的隐性把握, 一种分寸感, 一种对某事某物合适不合适、相关不相关的品评能力。它指的是我们对主体间的情境和背景的前反思亲熟感, 这些背景和情境使得我们自发地、毫不费力地就能理解对象、处境、事件和他人的意义。由于缺乏这种亲熟感, 患有精神分裂症的个体可能会对那些正常人眼中显而易见的东西变得尤为关注并感到困惑。患者会感到自己处于一种普遍的困惑状态之中。一切都成了要深思熟虑的问题。一位年轻女性这样描述她的处境：

> 我到底是缺了什么东西？它如此渺小、如此可笑，但是又如此特别、如此重要，没了它我简直活不下去［……］。我发现我在这个世界里再也找不到脚踏实地的感觉了。哪怕是那些最普通的日常性的东西，我都把握不了了［……］。我缺少的就是那种"自然自明性"［……］。它不是知识……它是某种每个小孩子都具备的东西。一个人只要想继续生活下去，他就不能少了这些普普通通的东西：怎么去行动、怎么和他人共处、怎么去搞懂游戏规则。⑭

许多现象学精神病学家都赞同这样一条重要洞见：不仅现象学的理论框架能够为精神病学提供重要工具，而且现象学本身也能从心理病理学研究中有所收获，因为在我们研究病理上扭曲现象的过程中，通常被视为理所应当的日常生活根本特征反而能够凸显出来。

定 性 研 究

如果我们把目光投向更晚近的年代，我们会注意到，对于作为定性研究方法的现象学，人们的研究兴趣在近年来有显著增长。这一进展主要发生在应用心理学领域，但同时也出现在其他学科当中，比如护理学和教育学。此处不妨先为大家简要展示三条最为流行、最具影响力的研究思路，并加以比对：(1)阿米德·吉奥尔吉（Amedeo Giorgi）的描述现象学方法（descriptive phenomenological method）；(2)马克斯·范梅南（Max van Manen）的解释学现象学（hermeneutic phenomenology）；(3)乔纳森·史密斯（Jonathan Smith）的诠释性现象学分析（interpretative phenomenological analysis，IPA）。[15] 我们会看到，应当在多宽或多窄的意义上定义何为现象学，一直都是个有争议的论题。现象学定性研究应当仅仅是纯粹描述性的、以揭示本质结构为目标，还是说它应该关注个体的特殊性并进行解释？它应该接受并采用胡塞尔的部分哲学方法，还是说它毋宁应该让各种各样的现象学概念、现象学区分来指导研究？

1.吉奥尔吉的进路非常清楚地表明了其自身的胡塞尔倾向。他明确表示，他的现象学心理学对胡塞尔所确立的哲学方法进行了调整和改动。[16] 吉奥尔吉坚称，对现象学哲学有一定程度的理解，是对任何现象学方法展开应用的前提要求。[17] 这一思路的总目标，是对体验的本质结构给出一套忠实的描述。为了达成这一目标，需要强调三个核心要点。其一，现象学心理学家必须执行现象学还原，防止"把眼前呈现出来的任何对象或事态设定为存在着的"。[18] 简言之，我们不应该假定任何我们正在经历着的、或者他人正在告诉我们的事件的的确确发生了，而应该仅仅关注于被体验或被描述为有待探索的在场。在这一关注的作用下，我们便能够注意到完整的行为–对象的关联关系，而并不是仅仅被对象所吸引。其二，现象学心理学必须是描述性的，而不是诠释性、解释性的。⑲心理学家应当描述体验者如何体验被给予物，而这套描述不应该对被给予的东西有所添加或有所删减。⑳研究者应该避免利用在先的理论预设来对被给予物进行解释，而是应该培养出对于那些实际呈现出来的东西的高度觉知。其三，人们要力图获得的知识，应该是普遍的、体系化的。在细致考察具体案例的基础上，研究者应当以追求精确的恒定结构为目标。综上所述，在吉奥尔吉看来，现象学心理学的方法便包括以下三步：(1)现象学还原；(2)描述性关注；(3)本质研究。㉑

就更实际的操作方法而言，吉奥尔吉提出了一套研究者在 124 分析从被调查人员处收集来的描述信息时所应该采纳的多步骤流程：首先，研究者应该阅读完全部描述信息，以便形成一个整体认识。其次，她应该把整个描述分成一系列更小一些的意义单元。再次，对于其中每一个意义单元，研究者都应该试图澄清它在心理学上的价值和意义。㉒

2. 范梅南也强调了其研究路径的现象学性质，但和吉奥尔吉正好相反，他坚决主张解释性成分的必要地位。尽管如此，他对现象学的哲学性质也是相当清楚的，并且和吉奥尔吉一样，范梅南也指出，对现象学感兴趣的定性研究者必须对现象学的理论基础和可能应用结果有一定认识。㉓在范梅南看来，各种各样的预设和假定构成了我们通达事情本身的条件，有时甚至会构成障碍，而现象学工作部分程度上就在于对这些假定和预设形成更清楚的认识。实际上，在范梅南看来，想要回到事情本身，不能靠忘记或忽视我们已经知道的一切，或者说给它们加上括号；相反，得靠澄清我们已有的信念和偏见，以便我们更好地评估这些既有想法

的优点和不足。㉔

在全部讨论中，范梅南依赖于诸如生活世界、前反思自身觉知和意向性等经典现象学概念，并对之加以大量运用。他指出了四大基本生存论主题，并声称，无论有怎样的历史、文化、社会处境，所有人的生活世界里都能够发现这些主题；他还认为，这些主题能够在研究过程中作为关注重点和指引线索发挥特别大的作用。这几个主题就是：时间性、空间性、身体性和社会性。㉕

那么范梅南又是如何进一步刻画现象学研究的目标、关注点及其特质的呢？他给出的回答有些自相矛盾。有时，范梅南会强调，现象学在很大程度上是一门关乎独特事物、关乎不可替代之事物的哲学。㉖但是他也会说，现象学的研究兴趣不仅仅局限在单纯的特殊事物上，它应该力图刻画出活生生体验的本质要素。㉗尽管范梅南坚称，"所谓现象学方法就是没有方法"，可他也表示，现象学是一个"为今天的人文科学研究实践提供了方法论基础"的思想传统。㉘此外，范梅南会告诉我们，现象学应该如何以生活世界、以前反思前理论态度下的世界为出发点，但是他有时似乎也像是在说，现象学应该始终停留在这个层面，因为他反复强调现象学的任务就是去描述我们关于世界的前反思体验，那种先于一切分类、归类行为之前的体验。㉙这个限制看上去有点点奇怪，因为现象学工作中很重要的一部分恰恰是去理解一种过渡，即我们对世界的前反思前概念把握向随后对世界的概念化把握和判断的过渡。胡塞尔在《逻辑研究》和晚期著作《体验与判断》中都曾描述过这一过渡进程。梅洛-庞蒂和海德格尔二人也都曾花大力气讨论过这个话题。

在《研究鲜活体验》（*Researching Lived Experience*）一书中，范梅南写道，人文科学有多严格，要看它在道德层面上有多强，而现象学描述就带有这种道德力度。[30]和我在前面几章讲的现象学相比，范梅南版本跟它差异最大的地方恰恰在于其研究路径的极强规范性特征，乃至偶尔有些道德说教的意味。范梅南认为，基于他自己的分析，他就有资格去断定到底某人是不是一个真正意义上的父亲或母亲；同样，他也会去质疑，到底当代家庭结构中是否能容有真正意义上的父母身份。比如说，仅仅让孩子出世是不足够的，因为在范梅南看来，这仅仅只是让某人在表面上成为了父母。[31]由此可见，范梅南支持一种和胡塞尔版本相比十分不同的本质主义，他也心安理得地给某些非常具体的社会文化现象做出了本质分析，比如：何为女人，何为母亲，何为父亲，以及什么是抛弃他人或被抛弃的感觉。[32]

3. 相比于范梅南的本质主义，史密斯的研究路径近年来在咨询心理学和应用心理学中逐渐流行起来。该方法的关注重点是个案，因为它想要理解的是特殊个体如何体验特别事件和生活片段。在约翰看来，患有严重心理疾病的生活是什么样的感觉？乔治是如何体验无家可归的感觉的？在成为了一个母亲之后，安妮对她自己的身份转变有一种怎样的感觉？总而言之，IPA 并不关心本质结构，而是致力于对具体案例给出细致的探索和微观分析。[33]此外，和吉奥尔吉不同的是，史密斯主要利用的思想资源不是胡塞尔现象学，而是杂用了各家各路的现象学研究。他并未诉诸现象学还原，也不同意现象学心理学必须只能是纯粹描述性的。跟范梅南一样，史密斯也认为，身为人类，我们总是已经置身于解释

126

性的意义赋予活动之中。解释是我们意向性生活的基本结构，因此我们不仅不能禁止解释，甚至无法回避解释。㉞

吉奥尔吉和范梅南二人研究进路的现象学倾向还是比较明确可见的，但相较之下，IPA 的现象学来源和性质要更成问题一些。这条研究进路当然是定性的。它采取了非还原论的立场，并试图给出丰富的体验描述。可是，仅仅考虑行动者／患者／当事人本人的视角，就足以让该思路成为"现象学的"了吗？仅凭这一点就足以让我们把该思路和定性研究中的其他思路区分开吗？从根源上来看，现象学是一个与众不同的哲学传统。对于现象学启发下的定性研究来说，其研究目标当然和现象学哲学不同，但是，如果说前者完全忽视或错误理解了后者，那么我们还能否把前者算作"现象学的"，这会是个很大的问题。诚然，在诸如《解释性现象学分析：理论、方法、研究》(*Interpretative Phenomenological Analysis: Theory, Method and Research*, 2009) 这样的 IPA 通俗导论中，确实包含了一些对胡塞尔、海德格尔、梅洛-庞蒂和萨特等人理论工作的简要描述，但是我们很难看出，在随后的方法应用中，研究者到底是如何切实地把这些人的工作成果利用起来的。IPA 声称自己是现象学的，因为它致力于"就其自身，而非根据一些预设好的范畴系统"来考察体验，㉟并坚称，就如何关注体验、考察体验而言，它从现象学那里收获了不少建议。当有人批评道"现象学远比你说的这些要多"的时候，它的回应是"哲学并不能霸占现象学"㊱，并声称哲学家们所做的一切，不过是在把我们所有人已经在做的事情给形式化了而已㊲。这个回答不太能令人满意。这种看法不单是在矮化胡塞尔、海德格尔、梅洛-庞蒂等哲学家的实际贡献——他们的工作当然不是简单地把常识中的东西拿出来老调重弹——它也没能认识到，除了现象学，许多其他的学科和传统也会诉诸主体体验。

现象学这个术语不是个版权商标，在当代学术领域中我们也能找到别的罕见用法。[38]但是，IPA 之所以要以这种方式来标榜自己，显然是因为它想要强调它自己的研究工作和现象学研究传统之间的关联。可是，我们并不能明显看出这一关联有多大意义。我们很倾向于认同吉奥尔吉的说法：倘若 IPA 能把自己叫作 IEA，即解释性体验分析（interpretive experiential analysis），情况或许会好很多。[39]

在上述三条定性研究路径中，吉奥尔吉的路径最贴近传统，试图竭力忠实于原有的现象学资源。吉奥尔吉在工作中也强调，坚持贯彻一种严格的、精细的、耗时间的方法，这非常重要。不过，方法之所以有价值，并不仅仅在于它有多严格或多正统，而主要在于它能带来怎样的结果；这些结果带来的信息又是否有用，是否有启发？在考察吉奥尔吉现象学方法在研究中的实际运用情况时（比如说在嫉妒或社会焦虑的研究中[40]），无论是把其中所获结果和舍勒、萨特、海德格尔等人对羞愧或焦虑等情感提供的现象学分析拿来比较，还是和更早几代的现象学心理学家或现象学精神病学家提供的极富洞见的研究拿来对照，我们都会略感失望。

针对上述三条定性研究路径在方法论上的严格程度，我们时常会听到持保留意见的批评声音。在约翰·帕雷（John Paley）的《作为定性研究的现象学：对意义归属的批判性分析》（*Phenomenology as Qualitative Research: A Critical Analysis of Meaning Attribution*, 2017）中，我们可以看到一些最晚近的、同时也是最尖锐的批评。128

在全书开篇，帕雷指出，针对作为定性研究方法的现象学的批判性评价根本不应该涉及现象学哲学，因为后者过于"错综复杂"，"只会让人分散精力"。[41]在他眼中，胡塞尔"可能是有意搞得那么晦涩难懂"。[42]在早先的一份出版物中，帕雷严厉批评了那些援引了哲学家著作却给出了错误阐释的定性研究者，但紧接着帕雷本人却又给出了他自己的种种误解。[43]这不算是个好的思考框架，而帕雷最终由此得出了一些颇为批评性的结论，那也不足为奇了。在他看来，无论讨论的是吉奥尔吉、史密斯还是范梅南，"判断标准的缺乏让他们的做法显得都相当草率，而这也为个体偏见的滋生打造了一个温床"。[44]帕雷本人坚定认为，没有诸如固有意义或内生意义这样的东西，因此，他会对现象学家那种认为我们能够避免给任何研究对象强加外来理论的想法大加指摘。对帕雷而言，意义是我们赋予给手头数据的，而我们又是基于作为原因的背景理论以及从中得出的推论才做到这一点的。[45]帕雷始终在指责吉奥尔吉、史密斯和范梅南，说他们从未对他们提到过的"现象""体验""意义"这些术语给出任何明确的定义[46]；可颇为讽刺的是，帕雷自己也没有给他所说的"理论""推论"这些术语给出明确界定。他也曾在某处对这两个概念给出了一些示例[47]，但这些例子过于宽泛，让这两个术语的意义变得非常不明确。如果说任何容量的背景知识，无论多么不成体系、多么缺乏结构，都能被看作是构成了一套理论，如果说把某东西当作某东西的过程就已经是推论性的，那么各种各样的理论和推论便俯拾即是。可这种无处不在显然是有代价的：这两个概念的意义都被冲淡了，变得不知所云。

　　这里我们无暇进一步全面评价帕雷的批评和他本人给出的替

代方案，^⑧但值得一提的是，帕雷始终把全部精力集中在批评吉奥尔吉、史密斯和范梅南上，以至于他忽视了还存在着另一些力图整合现象学、心理学和心灵研究的当代进路。在各种不同的定性研究现象学进路不断推进的同时，另一条进路也有所发展：该路径和主流认知科学之间的交流要深入得多，被研究者冠以神经现象学（neurophenomenology）和自然化现象学（naturalized phenomenology）的名号。

自然化现象学

我们有可能跨越现象学分析和意识的自然主义模型二者间的鸿沟吗？虽然在二十世纪初就已经有人开始讨论这个问题，但无疑是智利神经科学家弗朗西斯科·瓦雷拉（Francisco Varela，1946—2001）的工作才重新点燃了学界对这个话题的兴趣。

在 1990 年代以来的一系列出版物中，瓦雷拉勾勒出了一条全新的认知科学研究路径。这条路径认为，现象学指导下的体验分析和认知神经科学中基于实验所得出的描述具有同等地位，二者在相互限制中联系起来。^⑨正如瓦雷拉所说，如果认知科学想要实现其目标，即给出一套真正具有科学性的意识理论，那么它就绝不能无视现象学维度，因为这样一来认知科学就等于忽视了其解释对象的一个重要部分。换言之，如果我们的目标是要对心灵形成一套全面的理解，那么仅仅把视野局限于那些亚个体层面上的、构成体验基础的事件的本质，而不去考察体验自身的性质和结构，这样的做法走不长远。更具体地来说，瓦雷拉认为主体性层面本身就是可以得到交互主体确证的。他认为经典哲学现象学已经提供了这样一种方法，而认知科学家正是要扎扎实实地学会把胡塞尔和梅洛-庞蒂已经建立好的各个方法论工具运用起来，这对于认知科学的未来发展而言至关重要。[50]

梅洛-庞蒂的影响尤为明显。早在他 1942 年发表的处女作《行为的结构》中，我们就能看到梅洛-庞蒂已经讨论了弗洛伊德、巴甫洛夫、考夫卡、华生、瓦隆、皮亚杰等心理学家的工作。对体验研究本身以及体验研究对于现象学的重要意义保持高度兴趣，这一态度在梅洛-庞蒂的后续著作里也都一直显而易见。他在《知觉现象学》中对神经病理学的援引和利用更是负有盛名（盖尔布和戈尔茨坦对大脑受损病患施耐德的分析）。在 1949 年至 1952 年这几年间，梅洛-庞蒂甚至还在索邦大学教授了发展心理学的课程。梅洛-庞蒂始终认为，现象学和经验科学间关系的关键并不在于如何把既有的现象学洞见加以应用。相反，在他看来，在对话沟通和意见交换的过程中，双方其实都能够有所收获并取得进步。

瓦雷拉视梅洛-庞蒂为一位早已"论证了有关直接体验的现象学、心理学和神经生理学三者间能有相互启发"的先驱，[51]而在他更为具体的研究设想里，其中一条便是认为，人们应该把现象学的诸研究样式融入到神经科学意识研究的实验程序之中去。研究者应该训练那些接受研究的主体，让他们能够卸下自己既有的观念和理论，并教会他们如何去关注体验本身，以便发现意识所具有的那些通常情况下不太引人注目的维度和层面。然后，研究者要让他们在一张开放式问题的表格中对这些体验给出细致描述。这些后续给出的描述能够随后在主体间获得确证，并进而在对相关神经生理学进程的分析和阐释中得到利用。[52]

瓦雷拉最初在该领域出版的作品曾激起了一场大争论。这场争论焦点是现象学和认知科学的关系，同时也在更广泛的层面上涉及了这样一个问题：现象学是否能够且是否应该被自然化？[53]可以想见，"自然化"到底意味着什么，这成了争论的要点之一。

在 1999 年瓦雷拉参与编辑的里程碑著作《现象学自然化》（*Naturalizing Phenomenology*）中的长篇导论里，我们可以找到对这个问题的某种回应。四位编者在导论中声称，最终目标必定是给出一套意识的自然式解释，即仅仅诉诸自然科学所认可的实体和属性，而这要求我们把现象学整合到自然科学的解释框架之中去。[54]根据这一方案，将现象学自然化，就意味着必然要把现象学变成自然科学之中的一部分，或至少是自然科学的一种延伸。不过，这几位编者也提到，我们需要重新理解自然和客观性这两个概念本身，131并主张我们有必要摒弃如下想法，即科学客观性预设了对某种独立于观察者的实在的承诺。[55]

另一派的方案则相当不同。在他们看来，将现象学自然化仅仅意味着让现象学与经验研究互动并从中有所收获。"回到事情本身"这条现象学口号是在要求理论受经验的指导。我们应该着重关注的，是我们体验实在的方式。经验科学家或许不会特别关心深层次的哲学问题，但身为研究者，他们在关注的确实是具体现象，也正因如此，他们或许并不会像传统的书斋哲学家那样轻易低估了这些现象的丰富、复杂和多样。

现象学研究了意识的不同方面，比如知觉、想象、身体觉知、注意力、意向性、社会认知以及自我意识，但这些不同的论题也都是经验研究的考察对象。我们已经表明，如果现象学随随便便就忽视了在这些论题下所获得的经验研究成果，那就是大错特错了。相反，现象学应当从最能获得的科学知识那里汲取养分。经验科学能够给现象学带来许多具体发现，而现象学不能随随便便就忽视了这些发现，而是必须要能够去处理它们；经验科学所提供的证据，或许能够敦促现象学去调整或优化它自己的分析。与此同时，现象学不仅仅能够提供出它自己对解释对象的细致描述，而且也能够批判性地揭示出经验科学的某些理论假定并对此提出挑战，而以同样的方式，现象学也有助于新的实验范式的发展。因此，加拉格尔（Gallagher）提议，与其说着力于训练参与实验的主体，现象学分析中的洞见或许更能对研究者设计实验、执行访谈的方法有所启发。⑤

在许多主流认知科学的支持者眼中，现象学自然化的规划仍然充满争议。许多人今天也许愿意承认，意识的科学研究也应当考虑并处理经验层面的情形，但尽管如此，倘若建议他们去认可或欣然接纳经典哲学现象学所提供的任何更为具体的方法论举措或理论前提，绝大多数研究者会表示拒绝。虽然神经现象学在认知科学领域中依然只是一派少数观点，但瓦雷拉、汤姆森、加拉格尔等人早期发表的作品已然激起了一场仍旧持续着的大争论。这场争论直接催生了期刊《现象学与认知科学》（*Phenomenology and the Cognitive Sciences*），也一定程度上推动了诸如具身认知、意义建构等其他相关领域的持续发展。

让我们再回顾一下帕雷对定性现象学研究的批评。帕雷认为，偏描述性和偏阐释性这两条现象学路径之间的分歧其实略显荒唐，因为比起描述和阐释来说，还有不少重要得多的事情有待处理，比如"给出解释、给出理论、建立模型、测试、假设、评估、推论、模拟",等等。⑰让帕雷困惑的是：为什么现象学导向的定性研究者们会对原因、模型和机制毫不在意？为什么他们会坚持采取一种扁平肤浅的还原论立场，排除了因果机制的存在，并把世界当成仅仅是由有待描述或阐释的现象所构成的？⑱只要稍微考察那些追求某种形式的自然化现象学的研究者们的研究目标和研究策略，我们便应该不难看出，上述批评完全不在点子上。我不妨简单讲三个具体案例，来把这一点说得更清楚一些：

1. 我在第七章中从各个角度展示了现象学的具身性分析。我们看到了现象学家是如何以不同的方式强调了前反思身体觉知的重要意义。近来的神经病理学研究文献对这种潜隐性身体觉知提供了相当丰富的描述，而随后很快就有受现象学影响的研究者跟进了关于这些描述的讨论，比如乔纳森·科尔（Jonathan Cole）对19 岁病患伊安·瓦特曼（Ian Waterman）的细致分析（他失去了颈部以下全部触觉和本体感）。⑲在瓦特曼发病后不久，每当他想要移动肢体或整个身体的时候，他可以启动这个动作，但动起来的身体部分要运动到哪里去，这却是他控制不了的。当他伸手去拿东西的时候，他的手会失控，要么够不着，要么伸太远，除非他紧紧盯着他的手，不然这双手就会开始"游荡"，而他也只能通过视觉来重新确定手的位置。只有在经历了极为困难的学习过程之后，他才能重新获得一部分的运动掌控能力。但他对自己身体的觉知已经转变了。原初的前反思身体运动觉知不再发挥作用，已经被反思性身体觉知所替代。每个单独的运动都要求有高度集中的心灵关注和视觉监控。哪怕是想要坐在椅子上不摔倒，都需要持续不断地投入注意力。站着的时候要是闭上了双眼或关上了灯，或者只不过是打了个喷嚏，瓦特曼也都很容易倒下。随着时间一天天过去，瓦特曼渐渐能熟练行走了，但这不是因为他不再需要投入注意力，而是因为在长期练习下这种刻意掌控变得没那么吃力了。[60]

该案例研究一方面表明，我们的动作能力相当依赖于前反思身体觉知，一旦后者受损，我们会严重致残。就此而言，这个案例或许能很好地揭示某些现象学区分和分析所具有的体验相关性。另一方面，瓦特曼案例也会促使我们去重新审视某些经典现象学论述。尽管瓦特曼几乎丧失了全部本体感，但他还是能在一定程度上重新掌控并适应他的身体。这不仅说明我们也许比我们想象的更具适应性，同时也表明，经典现象学家未曾预见到的某些代偿性策略是有效的。[61]

2. 第二个案例来自发展心理学。在第八章中，我们看到了现象学家是如何批评了"人际理解在本质上是一种由理论驱动的推论性进程"这一观点，也看到了他们如何沿着具身化知觉路径来研究交互主体性问题。他们对后者的论述在许多发展心理学家那里得到了各种形式的确证和优化。这些发展心理学家研究的，是在婴儿和幼龄儿童身上发现的某些尤为基础的但也非常原始的社会理解形式。置身成人生活中的我们当然会对他人的心灵状态进行各种推论性归判，但这些归判不能被视为是那种幼龄儿童身上可见的顺畅无阻的直接人际互动（通常被称为初阶交互主体性）的基础。[62]从很早开始，婴儿就能够分辨动物对象和非动物对象，也能够区分开生物运动和非生物运动。在一篇有关婴幼儿时期社会认知发展情况的研究综述中，罗沙与斯特利阿诺（Rochat and Striano）总结道：面对社会性刺激，婴儿明显表现出了一种本质上与生俱来的敏感；在他们两个月大左右就已经有一种交互主体性的早期形态在发挥作用，使得婴儿能够对共同体验和往来互动有所感觉[63]；"在小婴儿和照料人之间的往来互动中产生的情绪、感受和情感的回响"是"更高阶的社会认知包括心灵理论得以发展的必要基础"[64]。两三个月大的婴儿已经会借助微笑和嗓音来和他人进行"原始对话"，并且在和父母交流过程中会展现出一种改变交流时长和强度的能力。实际上，婴儿似乎会期待人们在面对面互动中与他们有来有往地进行交流，并且会积极主动地保持、调节这种互动。

　　发展心理学的研究成果不仅仅能确证现象学工作（比如同感理论）所得出的核心论断，[65]这些成果还就一系列具体社会现象为我们提供了更为细致的描述。此外，这些成果也能对现象学家的某些论断形成挑战。例如，梅洛-庞蒂就曾在当时体验研究的基础上指出，人并不是一生下来就有自我-他人的区分行为，婴儿在六个月左右的时候才开始知觉到他人。[66]这些说法在后来的研究中都遭到了质疑。[67]

3. 我要举的最后一个例子来自精神病理学。现象学精神病学传统并没有随着布兰肯堡终结，而是继续繁荣发展，帕纳斯（Parnas）、萨斯（Sass）、富克斯（Fuchs）等人都是该传统在当下的杰出代表，他们都细致分析了我们在精神分裂症中发现的那种受干扰的自身体验和世界体验。

近年来，越来越多的人开始关注精神分裂症的早期诊疗。大
体而言，越早开始治疗，预后效果越好。在这种关注的影响下，
也有越来越多的研究者对非精神错乱的（即非幻觉性、非错觉性
的）反常体验产生了兴趣，例如失常的自身呈现、某种觉得自己
和他人彻底不同的感觉以及在面对默认社会规范时产生的巨大
困惑，因为这些反常症状能够为早期的鉴别性诊断提供帮助。

2005 年，有一群研究者共同制定了一份半量化的定性心理测
量表单，叫作非正常自身体验测试，简称 EASE（Examination of
Anomalous Self-Experience）。[68]这份表单利用多年以来临床工作的
成果，并受到了某些哲学现象学论述的启发，其设计初衷是为系统
化的临床研究以及对主体体验的深层紊乱的综合性评估提供支持。
EASE 手册涵盖了五大领域中共计 57 项指标，每项指标都附有患
者的病症及其自主描述，便于使用者理解。这五大领域包括：（1）认
知与意识流；（2）自身觉知与在场；（3）身体体验；（4）人我分界／互
易感觉；（5）生存再适应／定向。使用者可以用出现或未出现来评估
各项症状，其严重／频繁程度用五级量表（0—4）表示。

研究结果表明，非正常主观体验尤其是自我失调症状和困惑感
的出现，是非常重要的预后指标，它们能够帮助我们辨别出那些有
可能发展成精神分裂症的高危人士。[69]患者们会直接受惠于早期症
状研究，因为这使得早期诊断和诊疗措施干预成为可能；而除此之
外，这一研究还能够帮助我们更好地把握精神分裂症的根本特质。
萨斯和帕纳斯指出，自我失调症状实际上可以被视为具有病原性特
质，因为这些症状构成了后期精神错乱病理的基础。[70]

现 象 学 访 谈

我还想再讲讲现象学访谈的问题。吉奥尔吉的初衷是想要从参与者那里获取尽可能完整的体验描述。只要参与者在谈论体验，我们就应该让她谈下去。一旦她开始有些偏离方向，试图把体验理论化，访谈者便应当慢慢地把她引导回描述上来。[71]吉奥尔吉写道， 136 现象学研究者"并不关心具体细节或内容是什么，只要它们真实展现了所研究的体验"。[72]在吉奥尔吉方法的一次最近应用中，贝克（Beck）解释了三位受访者是怎样被挑选出来进行社会焦虑研究的。他们需要报道出自己至少曾在一次先前场合中感到过社会焦虑，也需要能足够细致地回忆起自己的体验，以便能提供对该体验的详尽描述。磁带录音记录下了访谈内容，而只有当某些描述看起来不太明确或缺乏深度的时候，才会使用追加问题。[73]

我们必须将这种放任式的研究路径和另外两种受现象学启发的研究者所采用的访谈技术加以对比。后两种方法所强调的研究挑战是一样的：被访谈的参与者需要提供丰富描述，比方说，惊慌袭来时的感受或患有心理疾病的生活体验；可要是他们只能提供非常粗糙肤浅的描述，那该怎么办呢？

一种策略是去进一步推进瓦雷拉的思路和主张，训练参与者，让他们变成更好的观察者、描述者。费梅施（Vermersch）和佩蒂蒙金（Petitmengin）等心理学家采用了一种叫作引导式访谈或微观现象学访谈的方法。他们声称可以教会访谈人去帮着引导受访者逐渐揭示、展开其注意场域，以便能够发现并描述其体验中此前尚未注意到的方面和精微细节。⑭

　　借助 EASE 进行研究的现象学精神病学家采用了另一种策略。在运用 EASE 手册中提供的量表来进行半结构化访谈的过程中，精神病学家会以主导式、探索式的态度来对待参与者。他们会去询问患者体验的具体层面和具体结构，这样一来，就那些在研究者看来尤为相关的各种领域而言，他们能够引导出患者的相应描述。这些领域包括身体性、时间性和社会性等层面，这些层面恰恰也是现象学哲学所高度重视的。这种研究路径的现象学特质，不仅仅在于它对特定访谈技术的采用，也不仅仅在于它试图引出患者的第一人称报道。关键在于，它运用了一套有关主体和自身、世界以及他人之间关联的全面理论框架。

　　如何才能最好地把现象学的想法采纳、运用到定性研究和临床实践中，其间的争论必定还会有所延续。⑮我就略提几点建议来给本章做个结吧。

最后的建议

　　我们的视野有必要超出当下能在定性研究文献中找到的各种不同提议。无论是经典现象学心理学家的工作、现象学精神病学的传统，还是对自然化现象学的当代讨论，我们在其中都能发现重要的理论资源和方法论指导。之前的讨论已经充分证明，现象学不仅仅能在处理、分析和阐释现有材料的过程中发挥作用，而且还在于对这些材料的最初获取方式上有用武之地，比如提供具体采访技术以及影响实验设计。

　　任何带有现象学标签的方法、流程或研究路径若要名实相符，都必须熟悉现象学理论。这是一个必要要求。不过，在非哲学语境中，有关联地、创造性地对生活世界、意向性、同感、前反思体验、视域、历史性、体验性身体等核心现象学概念加以运用，会比严格遵循并坚持执行悬搁和还原的做法更具价值、更有成效，因为后面这些操作流程具有明确的哲学上的关切和目的。

　　说到底，那些对应用现象学感兴趣的人应当采取实用态度，而不应该太关心自己的方法到底是否和胡塞尔或梅洛-庞蒂本人有关如何应用现象学的想法相契合。毕竟，问题关键并不在于你的研究或实践是否算得上正统现象学，而在于它本身是否品质优良。要称得上 138 是一个好的现象学研究，你所运用的现象学工具必须要展现出相关性，必须带来有价值的影响，必须允诺能产出新的洞见或更好的诊疗干预措施。我们应当基于方法所带来的结果来对它进行评估。

本章注释

① Husserl 1977: 38.
② Husserl 1997: 218–219, 223, 230.
③ Husserl 1970: 206.
④ Husserl 1997: 252.
⑤ MacLeod 1954: 3.

⑥　Katz 1999: 5.

⑦　Katz 1989: 50–53.

⑧　Katz 1989: 76.

⑨　后来人们习惯称为现象学心理学荷兰学派（主要人物包括 Buytendijk、Berg 和 Linschoten）和现象学哥本哈根学派（代表人物有 Rubin、From 和 Tranekjær Rasmussen）（参见 Kockelmans 1987 和 Hansen & Karpatschof 2001）。

⑩　Straus 1963; Linschoten 1987; From 1953.

⑪　Jaspers 1912.

⑫　Jaspers 1963: 36.

⑬　Blankenburg 1971.

⑭　转引自 Blankenburg 1971: 42–43。

⑮　Finlay 2009 也提供了对另外几条研究路径的有益探讨，可资参考。

⑯　Giorgi 2009: 104.

⑰　Giorgi 2010: 19.

⑱　Giorgi 2012: 4，正如前文所述，这种对还原的刻画是有问题的。

⑲　Giorgi 2009: 116.

⑳　Giorgi 2009: 9.

㉑　Giorgi 1994: 206.

㉒　Giorgi 2009: 128–137.

㉓　van Manen 1990: 8.

㉔　van Manen 1990: 47.

㉕　van Manen 1990: 172.

㉖　van Manen 1990: 7.

㉗　van Manen 1990: 62.

㉘　van Manen 1990: 30.

㉙　van Manen 1990: 9.

㉚　van Manen 1990: 12, 18.

㉛　van Manen 1990: 108.

㉜　van Manen 1990: 12, 86, 172.

㉝　Smith, Flowers, Larkin 2009: 16, 202.

㉞ Smith, Flowers, Larkin 2009: 3.

㉟ Smith, Flowers, Larkin 2009: 32.

㊱ Smith, Flowers, Larkin 2009: 32.

㊲ Smith, Flowers, Larkin 2009: 33.

㊳ “现象学”这个术语已经广泛运用于认知科学和分析的心灵哲学的部分讨论中，但是许多地方“现象学”仅仅是体验定性特征的一个标签；因此，它指的是体验的一个层面，而不是一种方法、一个传统或一套理论。

㊴ Giorgi 2010: 6.

㊵ Giorgi 2009; Beck 2013.

㊶ Paley 2017: 3.

㊷ Paley 2017: 7.

㊸ 帕雷本人认为，胡塞尔现象学在本质上是唯我论的，它试图诉诸一个纯粹的、完全孤立的个别意识来解释外部世界，并且胡塞尔声称自己能够以一种根本不会犯错的方式来描述体验的结构（Paley 1997: 190; Paley 2017: 65）。

㊹ Paley 2017: 147.

㊺ Paley 2017: 5, 114–117.

㊻ Paley 2017: 28.

㊼ Paley 2017: 112.

㊽ 有关回应参见 Giorgi 2017 and van Manen 2017。

㊾ Varela 1996.

㊿ Varela 1996, 1997; Petitot et al. 1999.

(51) Varela,Thompson, Rosch 1991: 15.

(52) Lutz et al. 2002.

(53) 有关情形可参见 Gallagher 1997, 2003; Lutz & Thompson 2003; Zahavi 2013; Thompson 2007; Gallagher & Zahavi 2012。

(54) Roy et al. 1999: 1–2，有关批判性讨论参见 Zahavi 2004。

(55) Roy et al. 1999: 54，后面这种观点并没有在合撰导论中得到充分讨论，但却在后来重新接续起来并得到了进一步发展，参见 Thompson 2007。

(56) Gallagher 2003.

(57) Paley 2017: 30.

⑤⑧　Paley 2017: 30.

⑤⑨　Cole 1995.

⑥⓪　Gallagher & Cole 1995.

⑥①　另一种值得更细致的现象学考察的神经病理是闭锁综合征（LIS: the
140 locked-in syndrome）。在这一情形下，患者意识清醒，认知能力完好无损，但却
身体瘫痪，且无法进行语言交流。不过，患者通常保有对垂直眼动和眨眼的控
制，因此他们能够通过眨眼来进行非语言交流。闭锁综合征给自身体验、社会
互动以及一般意义上的在世界之中存在带来了怎样的影响，进行这些思考和理
解是有意义的；不仅如此，这种病的存在本身，以及许多病患都表现出了极为
惊人的高质量生活这一事实，也还会促使我们不得不重新反思具身性的角色和
重要性。

⑥②　Trevarthen 1979.

⑥③　Rochat & Striano 1999: 4.

⑥④　Rochat & Striano 1999: 8.

⑥⑤　参见 Zahavi 2014。

⑥⑥　Merleau-Ponty 1964c: 119, 125.

⑥⑦　Gallagher & Meltzo 1996.

⑥⑧　Parnas et al. 2005.

⑥⑨　Nelson,Thompson,Yung 2013; Møller et al. 2011.

⑦⓪　Sass & Parnas 2003: 428.

⑦①　Giorgi 2009: 122.

⑦②　Giorgi 2009: 123.

⑦③　Beck 2013: 188.

⑦④　参见 Depraz, Varela, Vermersch 2003; Petitmengin 2006; Vermersch
2009; Petitmengin & Bitbol 2009。

⑦⑤　近年来的有关工作可参见 Høffding & Martiny 2016。

进阶阅读指南

· Matthew R. Broome, Robert Harland, Gareth S. Owen, and Argyris

Stringaris (eds.), *The Maudsley Reader in Phenomenological Psychiatry*. Cambridge: Cambridge University Press, 2012.

· Linda Finlay, "Debating phenomenological research methods." *Phenomenology & Practice* 3/1, 2009, 6–25.

· Shaun Gallagher and Dan Zahavi, *The Phenomenological Mind*. 2nd edition. London: Routledge, 2012.

· David Katz, *The World of Touch*, trans. L.E. Krueger. Hillsdale, NJ: Lawrence Erlbaum Associates, 1989.

· Jean Petitot, Francisco J. Varela, Bernard Pachoud, and Jean-Michel Roy (eds.), *Naturalizing Phenomenology*. Stanford: Stanford University Press, 1999.

结　语

史蒂芬·克伦威尔(Steven Crowell)曾说：现象学的未来取决于那些走上现象学之路的人的才华。[①] 我认为他所言不虚——无论在哲学现象学还是应用现象学领域，这句话都很适用。但我也认为，情况还要取决于他们有多大能力去清楚表达并着力强化现象学事业的共识、共性，并且避免陷入曾在现象学史不同时间节点上屡屡发生的那些令人扼腕的门户之争。大家花了太多精力去强调内部差异，反而忽视了共同的优势。

现象学曾一度过时，被批判理论、结构主义、解构等其他理论形态所替代。不过，在过去的十到二十年间，现象学确实迎来了一场复兴。造成这一情形的原因有很多，但至少包括这样一点：人们已然发现，放弃考察体验主体，转而关注符号系统、语言游戏、对话等现象，这是种经不起考验的肤浅举措。很多人都把现象学的核心主张误解为"仅仅研究主体性，便足以让我们理解自然、历史、社会和文化领域"。可事实绝非如此。现象学所主张的，毋宁说是主体性研究的必要性、不可或缺性。如果我们想要理解我们生活其中的这个世界，我们就需要考察那些在这个世界中进行知觉、思考和感觉活动的具身化行动者所扮演的角色，而现象学正是在这一点上带来重要启发。

　　现象学并非仅仅停留在过去的传统，它在当下也非常活跃，且有能力为当代思想界做出有价值的贡献。就像《牛津当代现象学手册》(*The Oxford Handbook of Contemporary Phenomenology*)中收录的文章所呈现的那样②，学者们目前在两个方向上投入了大量工作：向内(并回顾过去)以及向外(并走向未来)。一方面，今天的现象学界依然在与经典现象学家保持对话。我们显然远未穷尽胡塞尔、海德格尔、梅洛-庞蒂的工作中能挖掘出的哲学资源与洞见。另一方面，现象学也和其他哲学传统以及经验学科展开了愈发密切的沟通。

　　我以为，现象学应该沿着这两条路线继续走下去。很难预料百年以后还会有多少人自称现象学家。但我确信，现象学的基本洞见一定会继续吸引并启迪一批又一批天资卓越的思者。

注释

① 　Crowell 2002: 442.

② 　Zahavi 2012.

进阶阅读指南

·Dan Zahavi (ed.), *The Oxford Handbook of Contemporary Phenomenology*. Oxford: Oxford University Press, 2012.

术语简释

Alterity 他异性：该术语表明某东西具有差异性，通常指一个陌生主体的他者性。

Being-in-the-world (*In-der-Welt-sein*) 在世界之中存在 / 在世之在：海德格尔引入的一个合成术语，意指心灵植根于世界之中的特性，表明了心灵与世界共同交织、相互依存的程度。

Being-with (*Mitsein*) 共在：一个海德格尔式术语，用于刻画如下主张：在我们的意向性存在中，我们与他人的关联是一种基础的、决定性的特征。

***Cogitatum* 所思**：思考对象，或者更普遍地说，意向对象。

***Cogito* 我思**：思考行为，或者更普遍地说，意向行为。

Computationalism 计算主义：计算主义主张，心灵状态就是计算状态，心灵就如同一个信息处理机器一样运作。

Constitution 构造：使某东西（通常是某个对象）得以被揭示、发现、展现的主观过程。

Correlation 关联：行为和对象、心灵和世界之间的相互依存关系。

***Dasein* 此在**：海德格尔用于刻画意向主体的专门术语。这个词由 "Da"（那里，这里）和 "sein"（存在 / 是）构成，字面意思是 "就

存在于那里／这里"，强调我们的存在本身就置身于世界之中，并与世界发生牵连。

Eidetic variation 本质变更：一种由想象所引导的分析，试图揭示研究课题的本质特征。

Empathy 同感：对另一个主体的具身性、植根性体验的体验性遭遇。

Epistemology 知识论：关于知识的理论。

Epoché 悬搁：把某种面对世界时的独断（自然）态度——即我们对独立于心灵而存在的世界的信念——给悬置起来或"加括号"。

Essentialism 本质主义：一种观点，认为任何事物都有某些不变的、就其身份而言本质性的特征，有了这些特征，此物才成其为此物，而没了这些特征，此物也就不再是这一类事物。

Ethnomethodology 常人方法学：一门探索人们是如何理解并造成他们生活其中的社会秩序的研究。

Facticity 实际性：自然界、历史和人的生存中的偶然性；那些无法通过单纯的理性推理来证实或推断的东西。

Historicity 历史性：人的生存的基本历史特性；这样一个事实，即人的理智不仅仅具有时间性，还处于某种历史语境和传统之中。

Horizon 视域：体验的视角性和语境性。

Idealism 唯心论：这个术语有很多含义、界定，包括下列两种：（1）意识是唯一存在的事物；（2）实在在某种意义上依赖于心灵。

Idiographic approach 个案描述法：关注个别案例和特殊情形（而非本质特征与普遍规律）。

Intentionality 意向性：意识的基本特征，即它属于、关于、指 145

向某东西(being of, or about, or directed at something)。

Intersubjectivity 交互主体性：主体之间的关联。

Körper **躯体**：物理学、生物学上的身体；被视为是从属于自然界的一个物理对象的身体。

Leib **身体**：活生生的、被体验到的身体；主观上活在其中(subjectively lived through)的身体。

Lifeworld 生活世界：我们所生活其中的世界，我们在平时生活中习以为常的、前理论的体验世界。

Metaphysics 形而上学：一个含义很多的术语。本书中主要指对实在是否独立于心灵的考察。

Mitwelt **共同世界**：一个舒茨用过的术语，用以指我们的同代人(contemporaries)的世界，所谓"同代人"指的是这样一些人：他们和我们同时存在，却并没有亲身出现在我们的直接生活半径里。

Natural attitude 自然态度：一种前哲学预设，认为世界是现成的、是相对于我们独立存在的。

Naturalism 自然主义：一种观念，认为一切存在的事物都能够按自然科学方法来加以研究，都能够还原为自然科学事实。

Neurophenomenology 神经现象学：一种理论主张，认为人们应该把现象学研究形式融入到神经科学研究对意识的观察记录之中去。

Objectivism 客观主义：一种观点，认为实在完全独立于任何观察者，我们对实在的认知把握最多不过是对独立于心灵的世界的忠实反映而已。

Ontology 存在论：对实在之根本特征的研究。

Phenomenology, generative 世代生成现象学：对跨代际的、历 146 史的以及社会文化层面上的要素所发挥的构造性作用的研究，例如：此前世代的构造成就是如何影响我们的个体体验的。

Phenomenology, genetic 发生现象学：考察不同的意向性形式的时间性变化，以此来研究行为与对象之间关联。

Phenomenology, static 静态现象学：在不考虑来源和发展进程的前提下，对行为与对象之间关联进行研究。

Pictorial intentionality 图像意向性：我们对图像以及图像所描绘对象的意识。

Present-at-hand 现成在手状态：我们在采取理论态度或静观态度时所遭遇的东西。

Proprioception 本体感：我对我自己的各个肢体及其整体姿态的位置感。仅仅通过这种感觉，哪怕没有看一眼，我就能够知道我的腿是不是交叉放着。

Ready-to-hand 上手状态：在先于理论性观察或局外式考察之前就能在我们的实践性的考量与交涉中向我们展现出来的东西。

Reduction, transcendental 先验还原：对意识的构造功能以及心灵和世界如何在构造中相互关联的系统性分析。

Reductionism 还原论：一种观念，认为我们能够且应当用更简单的、更基础的性质来解释某个现象或某种性质。

Representationalism 表象论：一种观点，认为我们对实在的认知途径以某种方式把表象作为中介。

Scientism 科学主义：一种观点，认为自然科学的方法提供了认识世界的唯一方法，而那些无法用自然科学可接受的术语进行刻画的事物, 就是不存在的。

Sedimentation 沉淀效应: 在体验中获得的东西稳定下来、形成习惯, 并塑造、激活、限制未来体验的进程。

Sociology of knowledge 知识社会学: 对各种类型的知识形成、保持、传播以及发生阶层分化的社会条件的研究。

147 **Theory of mind 心灵理论**: 一种观点, 认为我们对他人心理生活的理解本质上是推论式的, 要以某种(心理学)理论为条件才得以可能。

Transcendental philosophy 先验哲学: 对客观性的(主观)可能性条件的系统性考察。

Typification 类型化: 运用普遍类型来理解具体个体的方法。

Umwelt **周围世界**: 我们周遭直接接触的世界。

参考文献

Beck, T.J. (2013). A phenomenological analysis of anxiety as experienced in social situations. *Journal of Phenomenological Psychology* 44(2): 179–219.

Berger, P.L., and Luckmann, T. (1991) [1966]. *The Social Construction of Reality: A Treatise in the Sociology of Knowledge.* Harmondsworth: Penguin Books.

Blankenburg, W. (1971). *Der Verlust der natürlichen Selbstverständlichkeit. Ein Beitrag zur Psychopathologie symptomarmer Schizophrenien.* Stuttgart: Enke.

Carman, T. (2003). *Heidegger's Analytic: Interpretation, Discourse and Authenticity in Being and Time.* Cambridge: Cambridge University Press.

Churchland, P.M. (1988). *Matter and Consciousness: A Contemporary Introduction to the Philosophy of Mind.* Revised edn. Cambridge, MA: MIT Press.

Cole, J.D. (1995). *Pride and a Daily Marathon.* Cambridge, MA: MIT Press.

Crowell, S. (2002). Is there a phenomenological research program? *Synthese* 131(3): 419–444.

de Beauvoir, S. (1965) [1960]. *The Prime of Life*, trans. P. Green. Harmondsworth: Penguin Books.

Depraz, N., Varela, F., and Vermersch, P. (2003). *On Becoming Aware: A Pragmatics of Experiencing.* Amsterdam: John Benjamins.

Dillon, M.C. (1988). *Merleau-Ponty's Ontology.* 2nd edn. Evanston, IL: Northwestern University Press.

Finlay, L. (2009). Debating phenomenological research methods. *Phenomenology & Practice* 3(1): 6–25.

Fodor, J. (1987). *Psychosemantics.* Cambridge, MA: MIT Press.

From, F. (1953). *Om oplevelsen af andres adfærd: Et bidrag til den menneskelige adfærds fænomenologi.* Copenhagen: Nyt Nordisk Forlag.

Galileo, G. (1957). *Discoveries and Opinions of Galileo.* New York: Anchor House.

Gallagher, S. (1997). Mutual enlightenment: recent phenomenology in cognitive science. *Journal of Consciousness Studies* 4(3): 195–214.

Gallagher, S. (2003). Phenomenology and experimental design: toward a phenomenologically enlightened experimental science. *Journal of Consciousness Studies* 10(9–10): 85–99.

Gallagher, S. (2007). Simulation trouble. *Social Neuroscience* 2(3–4): 353–365.

Gallagher, S., and Cole, J. (1995). Body image and body schema in a deafferented subject. *Journal of Mind and Behavior* 16(4): 369–390.

Gallagher, S., and Meltzoff, A.N. (1996). The earliest sense of self and others: Merleau-Ponty and recent developmental studies. *Philosophical Psychology* 9(2): 211–233.

Gallagher, S., and Zahavi, D. (2012). *The Phenomenological Mind*. 2nd edn. London: Routledge.

Garfinkel, H. (1967). *Studies in Ethnomethodology*. Englewood Cliffs, NJ: Prentice Hall.

Giorgi, A. (1994). A phenomenological perspective on certain qualitative research methods. *Journal of Phenomenological Psychology* 25(2): 190–220.

Giorgi, A. (2009). *The Descriptive Phenomenological Method in Psychology: A Modified Husserlian Approach*. Pittsburgh, PA: Duquesne University Press.

Giorgi, A. (2010). Phenomenology and the practice of science. *Existential Analysis* 21(1): 3–22.

Giorgi, A. (2012). The descriptive phenomenological psychological method. *Journal of Phenomenological Psychology* 43(1): 3–12.

Giorgi, A. (2017). Review essay: a response to the attempted critique of the scientific phenomenological method. *Journal of Phenomenological Psychology* 48(1): 83–144.

Gurwitsch, A. (1979) [1932]. *Human Encounters in the Social World*. Pittsburgh, PA: Duquesne University Press.

Habermas, J. (1992) [1988]. *Postmetaphysical Thinking*, trans. W.M. Hohengarten. Cambridge, MA: MIT Press.

Hansen, C.R., and Karpatschof, B. (ed.) (2001). *Københavnerfænomenologien, bisat eller genfødt?* Copenhagen: Danmarks Pædagogiske Universitet.

Heidegger, M. (1982) [1927]. *The Basic Problems of Phenomenology*, trans. A. Hofstadter. Bloomington, IN: Indiana University Press.

Heidegger, M. (1985) [1925]. *History of the Concept of Time: Prolegomena*, trans. T. Kisiel. Bloomington, IN: Indiana University Press.

Heidegger, M. (1993a). *Basic Writings*, ed. by D.F. Krell. San Francisco, CA: Harper.

Heidegger, M. (1993b). *Grundprobleme der Phänomenologie (1919/1920)*. Gesamtausgabe Band 58. Frankfurt am Main: Vittorio Klostermann.

Heidegger, M. (1996) [1927]. *Being and Time*, trans. J. Stambaugh. Albany, NY: SUNY.

Heidegger, M. (1998) [1976]. *Pathmarks*, ed. by W. McNeill. Cambridge: Cambridge University Press.

Heidegger, M. (2001) [1928–1929]. *Einleitung in die Philosophie*. Gesamtausgabe Band 27. Frankfurt am Main: Vittorio Klostermann.

Heidegger, M. (2003). *Four Seminars*, trans. A. Mitchell and F. Raffoul. Bloomington, IN: Indiana University Press.

Heidegger, M. (2009) [1934]. *Logic as the Question Concerning the Essence of Language*, trans. W.T. Gregory and Y. Unna. Albany, NY: SUNY.

Heidegger, M. (2010) [1925–1926]. *Logic: The Question of Truth*, trans. T. Sheehan. Bloomington, IN: Indiana University Press.

Heinämaa, S. (2003). *Toward a Phenomenology of Sexual Difference: Husserl, Merleau-Ponty, Beauvoir*. Lanham: Rowman & Littlefield.

Henry, M. (1973) [1963]. *The Essence of Manifestation*, trans. G. Etzkorn. The Hague: Martinus Nijhoff.

Høffding, S., and Martiny, K. (2016). Framing a phenomenological interview: what, why and how. *Phenomenology and the Cognitive Sciences* 15(4): 539–564.

Husserl, E. (1959). *Erste Philosophie (1923/24). Zweiter Teil. Theorie der phänomenologischen Reduktion*, ed. by R. Boehm. Husserliana 8. The Hague: Martinus Nijhoff.

Husserl, E. (1960) [1931]. *Cartesian Meditations: An Introduction to Phenomenology*, trans. D. Cairns. The Hague: Martinus Nijhoff.

Husserl, E. (1962). *Phänomenologische Psychologie. Vorlesungen Sommersemester 1925*, ed. by W. Biemel. Husserliana 9. The Hague: Martinus Nijhoff.

Husserl, E. (1965) [1911]. Philosophy as rigorous science. In Q. Lauer (trans.), *Phenomenology and the Crisis of Philosophy* (pp. 71–147). New York: Harper & Row.

Husserl, E. (1969) [1929]. *Formal and Transcendental Logic*, trans. D. Cairns. The Hague: Martinus Nijhoff.

Husserl, E. (1970) [1936]. *The Crisis of European Sciences and Transcendental Phenomenology: An Introduction to Phenomenological Philosophy*, trans. D. Carr. Evanston, IL: Northwestern University Press.

Husserl, E. (1973a). *Zur Phänomenologie der Intersubjektivität II. Texte aus dem Nachlass. Zweiter Teil. 1921–1928*, ed. by I. Kern. Husserliana 14. The Hague: Martinus Nijhoff.

Husserl, E. (1973b). *Zur Phänomenologie der Intersubjektivität III. Texte aus dem*

Nachlass. Dritter Teil. 1929–1935, ed. by I. Kern. Husserliana 15. The Hague: Martinus Nijhoff.

Husserl, E. (1977). *Phenomenological Psychology: Lectures, Summer Semester, 1925*, trans. J. Scanlon. The Hague: Martinus Nijhoff.

Husserl, E. (1981). *Shorter Works*, ed. by P. McCormick and F.A. Elliston. Notre Dame, IN: University of Notre Dame Press.

Husserl, E. (1982) [1913]. *Ideas Pertaining to a Pure Phenomenology and to a Phenomenological Philosophy. First Book. General Introduction to a Pure Phenomenology*, trans. F. Kersten. The Hague: Martinus Nijhoff.

Husserl, E. (1989) [c. 1912–1917]. *Ideas Pertaining to a Pure Phenomenology and to a Phenomenological Philosophy. Second Book. Studies in the Phenomenology of Constitution*, trans. R. Rojcewicz and A. Schuwer. Dordrecht: Kluwer Academic Publishers.

Husserl, E. (1997). *Psychological and Transcendental Phenomenology and the Confrontation with Heidegger (1927–1931)*, ed. and trans. Th. Sheehan and R.E. Palmer. Dordrecht: Kluwer Academic Publishers.

Husserl, E. (2001a). *Die 'Bernauer Manuskripte' über das Zeitbewußtsein (1917/18)*, ed. by R. Bernet and D. Lohmar. Husserliana 33. Dordrecht: Kluwer Academic Publishers.

Husserl, E. (2001b) [1900–1901]. *Logical Investigations I-II*, trans. J.N. Findlay. London: Routledge.

Husserl, E. (2001c) [1918–1926]. *Analyses Concerning Passive and Active Synthesis: Lectures on Transcendental Logic*, trans. A. Steinbock. Dordrecht: Kluwer Academic Publishers.

Husserl, E. (2002). *Zur phänomenologischen Reduktion: Texte aus dem Nachlass (1926–1935)*, ed. by S. Luft. Husserliana 34. Dordrecht: Kluwer Academic Publishers.

Husserl, E. (2005). *Phantasy, Image Consciousness, and Memory (1898–1925)*, trans. J.B. Brough. Dordrecht: Springer.

Jaspers, K. (1912). Die phänomenologische Forschungsrichtung in der Psychopathologie. *Zeitschrift für die gesamte Neurologie und Psychiatrie* 9: 391–408.

Jaspers, K. (1963) [1913]. *General Psychopathology*, trans. J. Hoenig and M.W. Hamilton. Manchester: Manchester University Press.

Katz, D. (1989) [1925]. *The World of Touch*, trans. L.E. Krueger. Hillsdale, NJ: Lawrence Erlbaum Associates.

Katz, D. (1999) [1935]. *The World of Colour*, trans. R.B. MacLeod and C.W. Fox. Abingdon: Routledge.

Kockelmans, J.J. (ed.) (1987). *Phenomenological Psychology: The Dutch School.*

Dordrecht: Springer.

Leder, D. (1990). *The Absent Body*. Chicago, IL: University of Chicago Press.

Levinas, E. (1969) [1961]. *Totality and Infinity: An Essay on Exteriority*, trans. A. Lingis. Pittsburgh, PA: Duquesne University Press.

Levinas, E. (1987) [1948]. *Time and the Other*, trans. R.A. Cohen. Pittsburgh, PA: Duquesne University Press.

Levinas, E. (1998). *Discovering Existence with Husserl*, trans. R.A. Cohen and M.B. Smith. Evanston, IL: Northwestern University Press.

Lincoln, Y.S., and Guba, E.G. (2013). *The Constructivist Credo*. Walnut Creek, CA: Left Coast Press.

Linschoten, J. (1987). On falling asleep. In J.J. Kockelmans (ed.), *Phenomenological Psychology: The Dutch School* (pp. 79–117). Dordrecht: Springer.

Lutz, A., and Thompson, E. (2003). Neurophenomenology: integrating subjective experience and brain dynamics in the neuroscience of consciousness. *Journal of Consciousness Studies* 10(9–10): 31–52.

Lutz, A., Lachaux, J.-P., Martinerie, J., and Varela, F.J. (2002). Guiding the study of brain dynamics by using first-person data: synchrony patterns correlate with ongoing conscious states during a simple visual task. *Proceedings of the National Academy of Sciences* 99(3): 1586–1591.

MacLeod, R.B. (1954). David Katz 1884–1953. *Psychological Review* 61(1): 1–4.

Madison, G.B. (1981). *The Phenomenology of Merleau-Ponty*. Athens, OH: Ohio University.

Merleau-Ponty, M. (1963) [1942]. *The Structure of Behavior*, trans. A.L. Fisher. Boston, MA: Beacon Press.

Merleau-Ponty, M. (1964a) [1960]. *Signs*, trans. R.C. McClearly. Evanston, IL: Northwestern University Press.

Merleau-Ponty, M. (1964b) [1948]. *Sense and Non-Sense*, trans. H. Dreyfus and P. Dreyfus. Evanston, IL: Northwestern University Press.

Merleau-Ponty, M. (1964c). *The Primacy of Perception*, ed. by J.M. Edie. Evanston, IL: Northwestern University Press.

Merleau-Ponty, M. (2012) [1945]. *Phenomenology of Perception*, trans. D.A. Landes. London: Routledge.

Møller, P., Haug, E., Raballo, A., Parnas, J., and Melle, I. (2011). Examination of anomalous self-experience in first-episode psychosis: interrater reliability. *Psychopathology* 44(6): 386–390.

Nelson, B., Thompson, A., and Yung, A.R. (2013). Not all first-episode psychosis is the same: preliminary evidence of greater basic self-disturbance in schizophrenia spectrum cases. *Early Intervention in Psychiatry* 7(2): 200–204.

Paley, J. (1997). Husserl, phenomenology and nursing. *Journal of Advanced Nursing* 26(1): 187–193.

Paley, J. (2017). *Phenomenology as Qualitative Research: A Critical Analysis of Meaning Attribution*. London: Routledge.

Parnas, J., Møller, P., Kircher, T., Thalbitzer, J., Jansson, L., Handest, P., and Zahavi, D. (2005). EASE: examination of anomalous self-experience. *Psychopathology* 38(5): 236–258.

Petitmengin, C. (2006). Describing one's subjective experience in the second person: an interview method for the science of consciousness. *Phenomenology and the Cognitive Sciences* 5(3–4): 229–269.

Petitmengin, C., and Bitbol M. (2009). The validity of first-person descriptions as authenticity and coherence. *Journal of Consciousness Studies* 16(10–12): 363–404.

Petitot, J., Varela, F.J., Pachoud, B., and Roy, J.-M. (eds.) (1999). *Naturalizing Phenomenology*. Stanford, CA: Stanford University Press.

Rochat, P., and Striano, T. (1999). Social-cognitive development in the first year. In P. Rochat (ed.), *Early Social Cognition: Understanding Others in the First Months of Life* (pp. 3–34). Hillsdale, NJ: Lawrence Erlbaum Associates.

Roy, J.-M., Petitot, J., Pachoud, B., and Varela, F.J. (1999). Beyond the gap: an introduction to naturalizing phenomenology. In J. Petitot, F.J. Varela, B. Pachoud, and J.-M. Roy (eds), *Naturalizing Phenomenology* (pp. 1–83). Stanford, CA: Stanford University Press.

Sartre, J.-P. (1970) [1939]. Intentionality: a fundamental idea of Husserl's phenomenology. *Journal of the British Society for Phenomenology* 1(2): 4–5.

Sartre, J.-P. (2003) [1943]. *Being and Nothingness*, trans. H.E. Barnes. London: Routledge.

Sass, L.A., and Parnas, J. (2003). Schizophrenia, consciousness, and the self. *Schizophrenia Bulletin* 29(3): 427–444.

Scheler, M. (1973) [1913/1916]. *Formalism in Ethics and Non-Formal Ethics of Values: A New Attempt Toward a Foundation of an Ethical Personalism*, trans. M.S. Frings and R.L. Funk. Evanston, IL: Northwestern University Press.

Scheler, M. (2008) [1913/1923]. *The Nature of Sympathy*, trans. P. Heath. London: Transaction.

Schmid, H.B. (2009). *Plural Action. Essays in Philosophy and Social Science*. Dordrecht: Springer.

Schutz, A. (1962). *The Problem of Social Reality: Collected Papers I*. The Hague: Martinus Nijhoff.

Schutz, A. (1964). *Studies in Social Theory: Collected Papers II*. The Hague: Martinus

Nijhoff.

Schutz, A. (1967) [1932]. *The Phenomenology of the Social World*, trans. G. Walsh & F. Lehnert. Evanston, IL: Northwestern University Press.

Smith, J.A., Flowers, P., and Larkin, M. (2009). *Interpretative Phenomenological Analysis: Theory, Method and Research*. London: SAGE Publications.

Spiegelberg, H. (1965). *The Phenomenological Movement*. The Hague: Martinus Nijhoff.

Steegmuller, F. (1949). *Maupassant: A Lion in the Path*. London: Macmillan.

Stein, E. (1989) [1917]. *On the Problem of Empathy*, trans. W. Stein. Washington, DC: ICS Publications.

Steinbock, A.J. (1995). *Home and Beyond: Generative Phenomenology after Husserl*. Evanston, IL: Northwestern University Press.

Strasser, S. (1963). *Phenomenology and the Human Sciences: A Contribution to a New Scientific Ideal*. Pittsburgh, PA: Duquesne University Press.

Straus, E. (1963) [1935]. *The Primary World of Senses: A Vindication of Sensory Experience*, trans. by J. Needleman. New York: The Free Press of Glencoe.

Thompson, E. (2007). *Mind in Life: Biology, Phenomenology, and the Sciences of Mind*. Cambridge, MA: Harvard University Press.

Trevarthen, C. (1979). Communication and cooperation in early infancy: a description of primary intersubjectivity. In M.M. Bullowa (ed.), *Before Speech: The Beginning of Interpersonal Communication* (pp. 321–347). New York: Cambridge University Press.

van Manen, M. (1990). *Researching Lived Experience: Human Science for an Action Sensitive Pedagogy*. London and Ontario: Althouse Press.

van Manen, M. (2017). Phenomenology and meaning attribution. *Indo-Pacific Journal of Phenomenology* 17(1): 1–12.

Varela, F.J. (1996). Neurophenomenology: a methodological remedy for the hard problem. *Journal of Consciousness Studies* 3(4): 330–349.

Varela, F.J. (1997). The naturalization of phenomenology as the transcendence of nature: searching for generative mutual constraints. *Alter: Revue de Phénoménologie* 5: 355–381.

Varela, F.J., Thompson, E., and Rosch, E. (1991). *The Embodied Mind: Cognitive Science and Human Experience*. Cambridge, MA: MIT Press.

Velmans, M. (2000). *Understanding Consciousness*. London: Routledge.

Vermersch, P. (2009). Describing the practice of introspection. *Journal of Consciousness Studies* 16(10–12): 20–57.

Walther, G. (1923). Zur Ontologie der sozialen Gemeinschaften. In E. Husserl (ed.), *Jahrbuch für Philosophie und phänomenologische Forschung*. Vol. VI (pp. 1–158).

Halle: Max Niemeyer.

Zahavi, D. (2003). *Husserl's Phenomenology*. Stanford, CA: Stanford University Press.

Zahavi, D. (2004). Phenomenology and the project of naturalization. *Phenomenology and the Cognitive Sciences* 3(4): 331–347.

Zahavi, D. (2005). *Subjectivity and Selfhood: Investigating the First-Person Perspective*. Cambridge, MA: MIT Press.

Zahavi, D. (2011). Empathy and direct social perception: a phenomenological proposal. *Review of Philosophy and Psychology* 2(3): 541–558.

Zahavi, D. (2013). Naturalized phenomenology: a desideratum or a category mistake? *Royal Institute of Philosophy Supplements* 72: 23–42.

Zahavi, D. (2014). *Self and Other: Exploring Subjectivity, Empathy, and Shame*. Oxford: Oxford University Press.

Zahavi, D. (2016). Second-person engagement, self-alienation, and group-identification. *Topoi*. DOI: 10.1007/s11245-016-9444-6.

Zahavi, D. (2017). *Husserl's Legacy: Phenomenology, Metaphysics, and Transcendental Philosophy*. Oxford: Oxford University Press.

索　引

（所标页码为英文原书页码，即本书边码）

《现象学原典译丛》已出版书目

* *

图书在版编目(CIP)数据

现象学入门/(丹麦)丹·扎哈维著;康维阳译. —
北京:商务印书馆,2023(2023.7 重印)
(中国现象学文库. 现象学原典译丛. 扎哈维系列)
ISBN 978 - 7 - 100 - 22086 - 6

Ⅰ. ①现… Ⅱ. ①丹… ②康… Ⅲ. ①现象学
Ⅳ. ①B089

中国国家版本馆 CIP 数据核字(2023)第 043287 号

中国现象学文库

现象学原典译丛·扎哈维系列

现象学入门

〔丹麦〕丹·扎哈维 著

康维阳 译

商 务 印 书 馆 出 版
(北京王府井大街 36 号 邮政编码 100710)
商 务 印 书 馆 发 行
北 京 冠 中 印 刷 厂 印 刷
ISBN 978 - 7 - 100 - 22086 - 6

2023 年 5 月第 1 版 开本 880×1230 1/32
2023 年 7 月北京第 2 次印刷 印张 6¾

定价:58.00 元